RÉGIS DEBRAY
LE SIÈCLE VERT

UN CHANGEMENT DE CIVILISATION

TRACTS
GALLIMARD

GRAND FORMAT
4,90€

TRACTS.GALLIMARD.FR

DIRECTEUR DE LA PUBLICATION : **ANTOINE GALLIMARD**

DIRECTION ÉDITORIALE : **ALBAN CERISIER**
ALBAN.CERISIER@GALLIMARD.FR

GALLIMARD • 5 RUE GASTON-GALLIMARD 75007 PARIS • FRANCE
WWW.GALLIMARD.FR

© ÉDITIONS GALLIMARD, 2020.

Un spectre hante l'Occident : l'effondrement du système Terre. Toutes les puissances du monde ancien cherchent à conjurer ou contenir l'inquiétude montante. Partout, la jeunesse scolarisée se soulève avec, de Berlin à Rome, de New York à Paris, de Madrid à Manchester, un seul cri : « **Assez de discours, des actes !** » L'avenir accuse le passé et convoque Prométhée à la barre parce qu'on ne saura plus demain ce qu'est un bonhomme de neige, une source d'eau potable ou une plage de sable fin. Nous avions connu les Internationales de l'espoir, nous découvrons l'Internationale de l'angoisse. C'est peut-être là un moment charnière entre deux âges de notre culture. Le siècle change sous nos yeux de couleur, d'urgences et d'horizon. Puisqu'il est impossible de lire notre présent avec les mots et les yeux d'hier, et que notre civilisation fossile pivote sur ses gonds, il faut hausser la mire – pour restituer les esclandres du jour dans l'Odyssée du temps long. En se souvenant de quelle matrice nous sommes sortis, nous les rescapés du vingtième siècle, et quelle histoire nous a vus et fait grandir – un millénaire d'acculturation.

1. LA FAUTE À FAUST

De quel long Moyen Âge sortons-nous ? De la modernité. Soit de l'ère *faustienne* (comme l'a baptisée l'Allemand Oswald Spengler, ce grand poète mal famé de l'histoire universelle). Faust est ce docteur et magicien né à la fin du XVe siècle qui, ayant conclu un pacte avec le Diable en la personne de Méphistophélès, fait des prouesses avec son athanor, ses alambics et ses cornues, retrouve sa jeunesse, séduit l'innocente Marguerite, mais finit étranglé par son mentor satanique. Ascension, suprématie et damnation : mieux que le mythe païen de Prométhée, celui-là illustre la destinée des pêcheurs lorsqu'ils ont voulu devenir des dieux en se rendant « comme maîtres et possesseurs de la nature ». Vendre son âme à l'alchimie et ses sortilèges n'était donc pas une si bonne affaire… Goethe en a fait un drame, Berlioz, un opéra, Valéry, un essai théâtral, Thomas Mann, un roman, et nous, qui arrivons comme les gendarmes sur la scène de crime, notre planète, un appel de phare du fin fond de la nuit.

Quand cette ère enivrante, qui prit la suite de l'Antiquité gréco-romaine, parfois dite apollinienne, a-t-elle pris forme ? Peu avant le Quattrocento, de ce jour de 1336 où le poète Pétrarque s'en est allé conquérir l'inconnu en faisant l'ascension du Mont Ventoux – au lieu de le regarder sagement et rêveusement de loin, comme les Grecs, l'Olympe. En passant d'une contemplation esthétique et distante à une volonté de prendre physiquement possession. Quand cette ère s'est-elle refermée ? Le jour de 1969, où Neil Armstrong a mis le pied sur la lune. « Un pas de géant pour l'humanité », oui, mais vers où ? L'aventure commencée dans le Vaucluse aura culminé en Floride, cap Canaveral. Même défi, autre échelle. Entre le point de départ et le point d'arrivée, avant-hier et aujourd'hui, il s'est trouvé que les scientifiques les plus pointus de l'époque ont conçu et fabriqué la bombe atomique (250 000 morts). Un gros caillou dans la chaussure et la conscience de l'ascensionniste prédestiné. D'où notre embarras. Et un soupçon larvé : ce serment d'allégeance à des trucs et des machins n'aurait-il pas été, au seuil de la Renaissance, un fatal pas de côté ?

Ce que l'amant de Laure, Pétrarque, qui nous dit avoir été « mû par le seul désir de voir un lieu réputé pour sa hauteur », non pas encore la lune mais un mont « fortement escarpé et presque inaccessible », a inauguré c'est une périlleuse escalade dont nous peinons à essuyer les retombées. C'est en devenant faustien que le mammifère à deux pattes a quitté l'éternel pour chuter dans l'histoire, mais c'est en quittant l'histoire qu'il se découvre zoologique. Une espèce animale en sursis, qui se demande si elle mérite encore d'avoir un futur.

Quelle aura été, vue d'ici, la nouveauté faustienne, et par rapport à quoi ?

Dans le dynamique par rapport au statique. Dans le primat du vite sur le lent. Dans l'invention de l'avenir, en lieu et place du surplace rituel. Euclide n'a ni futur ni passé, le carré de l'hypoténuse tourne en rond. Le mythe fait de même. Œdipe, Apollon ou Minerve n'avaient pas de date de naissance ni de décès. À Athènes comme à Sparte, pas d'archives ni de plan quinquennal. On ne regrette rien du passé, on n'attend rien de l'avenir, qu'on ne sache déjà. « Tu ne te baigneras pas deux fois dans le même fleuve », certes, mais le fleuve héraclitéen n'a pas d'amont ni d'aval. C'est l'image mobile d'une éternité immobile. Notre fleuve à nous s'altère à mesure qu'il s'écoule. Nous, Occidentaux curieux, insatisfaits, la bougeotte dans le sang. À l'impalpable des *Mille et une nuits*, Don Juan préfère les *Mille e tre*, plus pulpeuses, et Faust conquiert sur les sables de la mer une région à coloniser, et rentabiliser. Il en épuise les ressources et fait suer le burnous. Il invente le glyphosate, le *chatbot*, le lapin fluorescent, le *fast-food*, la GPA et l'utérus artificiel. Un marcheur intrépide. Infatigable. Quand il doit quitter son lopin, il se fait d'un exil à Londres ou à Los Angeles un tremplin, et double la mise. L'entreprenant ne regarde pas derrière lui, il fonce. *Citius, altius, fortius.* Plus vite, plus haut, plus fort. Le flux est son souci, peu lui importe le stock. Accélérer le premier lui permet d'oublier le second. Tant que ça circule, tout va bien.

Le faustien, on l'a compris, est un Blanc, un homme pressé, un manager qui aime les graphes et les tableaux Excel. C'est un urbain, un *startupper*, un homme d'initiative et d'industrie. L'ailleurs le démange et le lendemain l'aspire. Tout le contraire du bouseux collé à son lisier et au retour des saisons. Il ne cache pas son magot sous le matelas, lui, il risque, joue et gagne. Il a foi dans le progrès, non sans raison, puisqu'il diminue sans cesse, par ses astuces et prototypes, la peine de vivre. Le maître des horloges a des plans de campagne appelés prévisions de croissance, car c'est un guerrier, et des réunions d'État-major, appelés G8 ou G20, car il voit grand. En tout, il mesure la performance, exige le maximum, et brandit le chronomètre. En clair, c'est l'homme de l'*Esprit*, tel que Valéry le définit : non un *flatus vocis*, un gaz immatériel et flou, mais une *puissance pratique de transformation du réel*, active et proactive. L'Esprit, oui, par opposition à la *Nature*. Ces termes démodés, jugés peu recevables par nos maîtres-déconstructeurs, il nous faut les assumer, avec ou sans leur majuscule hautaine. S'entendra ici, prosaïquement, par *nature*, à la façon stoïcienne, *l'ensemble des choses qui ne dépendent pas de nous*, et par *esprit*, le système élaboré des *forces qui s'appliquent à faire qu'elles dépendent de nous.* Ce ne sont pas là deux blocs métaphysiques immuables, puisqu'au fur et à mesure que l'esprit accroît ses moyens d'intervention, tout ce sur quoi nous n'avons pas prise – la nature – doit battre en retraite. Réduire au plus strict minimum l'antique force des choses, ce fut la raison d'être, et à court terme, la réussite de qui ouvre des lignes aériennes, arase les haies vives et asphalte les chemins de terre. Qui procède au remembrement des parcelles, assainit le bocage, améliore la productivité, fait ses additions et réclame un bonus. Qui, en ville, taille des avenues et remplace les ruelles par des esplanades. Tout ce qui entrave et enclave, pèse et empèse, l'insupporte – Héritage, Tradition, Localisation. Pas de fil à la patte. Respecter, c'est radoter. Son devoir à lui est de créer du jamais vu. L'an I de la République. L'an I de l'homme nouveau. « Du passé faisons table rase », de la couche d'ozone, des nappes phréatiques et des séquoias aussi, et demain l'Internationale sera le genre humain. Rien de plus condamnable, à ses yeux, et de plus rétro, que l'injonction d'Épictète : « Ne prétends pas changer la nature des choses. » Lui, justement, c'est son métier, son orgueil et sa feuille de route.

2. LE SURSAUT

Faust n'a pas seulement pris un coup de vieux. Il a poussé les feux de l'Anthropocène, jusqu'au Brésil et au Groenland. Au pire un pyromane, au mieux un irresponsable. Ignorant que ce que nous détruisons nous détruit nous-mêmes, le locataire de la planète qui se prenait pour son propriétaire se retrouve en squatter insolvable, menacé d'expulsion. La définition des bonnes manières s'est renversée. S'émanciper, hier, c'était s'affranchir des fléaux naturels, aujourd'hui, c'est s'affranchir du marteau-piqueur pour épouser la photosynthèse. Nous quittons les chantiers pour embrasser les arbres. Nous envions la bonne conduite de la panthère et de l'orchidée : la première ne laisse rien traîner et la seconde émet de l'oxygène, et non, comme nous, du gaz carbonique. L'ivresse du *nous* une fois refoulée dans les stades de foot ou aux abords, chaque *moi-je* reste en tête-à-tête avec les images de dévastation quotidienne sur son écran, sans nation, peuple ou Cité interposés pour le distraire d'une mort annoncée. Le voilà face à sa télé, le malheureux, reconduit à sa survie, sa peau, ses enfants. Le révolutionnaire professionnel, le Spartacus survolté qui rêvait de casser la baraque sans réfléchir au jour d'après, lui semble maintenant bon pour le psy, ou pour le box. L'aspiration générale est au *soft*, au *light* et au *fun*. Médecine douce et traditionnelle, indienne ou chinoise. Méditation, silence, lenteur, zenitude et plantes médicinales. Grand-Papa ronchon aurait tort de se plaindre des temps nouveaux, de cette plongée néobouddhiste dans la Gestalt-thérapie (la guérison par la danse), dans la sophrologie (relaxation et respiration) et la phytothérapie. Monsieur Jadis devrait savoir que c'était pire avant. Quand sévissaient la syphilis et la tuberculose, faute de pénicilline ; quand les parturientes mouraient en couches, faute d'obstétrique, et les agonisants dans la douleur, faute d'antalgiques ; quand la mortalité infantile tuait un enfant sur trois et que l'espérance moyenne de vie était de cinquante et non de quatre-vingts ans ; quand des guerres périodiques fauchaient des dizaines de millions de jeunes vies ; quand il fallait s'écorcher les mains et mouiller sa chemise pour ramener trois tubercules dans son garde-manger. Mais tant de mains ouvrières, tant de neurones dépensés, finalement, pour rendre l'air irrespirable, faire fondre les glaciers, polluer les océans, assécher les lacs et désertifier jusqu'à l'Andalousie… L'histoire est ce que font les hommes, mais qu'avons-nous fait de ce qui nous a faits ? De la beauté native des choses, de la Voie lactée qu'efface la pollution lumineuse des métropoles, des sables d'or et des torrents de montagne ? L'Orient n'avait-il pas été plus sage en cherchant l'harmonie et la communion avec la nature, en s'en faisant l'émule et non le maître ?

L'Occident faustien, qui a mangé son pain blanc, rougit de honte, et sur ces entrefaites, se met au vert. Le prédateur se découvre précaire et vulnérable, et quand on se sait fragile on devient plus fraternel, et responsable. Il découvre les coûts de son *hubris,* hier fabricatrice, aujourd'hui consumériste, et la lourde note à payer pour avoir voulu aller trop vite, trop haut et trop fort. Entendons-nous. Il n'est pas le premier à sonner le tocsin. La peur est un réveille-matin. Elle guérit du pire, la maladie de langueur. On n'a jamais vu une civilisation sans une frousse à surmonter, une menace à conjurer car, individu ou société, un être trop sûr de lui baisse la garde et s'assoupit. Les antidépresseurs n'ont jamais manqué à notre instinct de conservation. Le Déluge, le Jugement dernier, la ruée des Barbares, le péril jaune, la guerre atomique (avec les monstres préhistoriques libérés des glaces de l'Antarctique par l'explosion nucléaire), l'arrivée des Rouges, la Cinquième colonne, les soucoupes volantes, les *hackers* russes et le grand remplacement noyant l'Occident sous les hordes islamiques. Les cataclysmes attendus s'avèrent le plus souvent démentis par les faits, car enfin, il y a toujours plus de pétrole dans nos sous-sols, malgré les pronostics du Club de Rome, et bien que l'excellent René Dumont, expert agronome, disait, en 1966, craindre une famine généralisée en 2000, avec quatre-vingts pour cent de la population sous-alimentée, notre humanité surpeuplée a encore de quoi se nourrir, et on est plus à mieux manger qu'il y a un demi-siècle. Ne sous-estimons pas l'ingéniosité de l'*homo sapiens.* Les enfants de la révolution néolithique, que nous sommes tous, se rappellent-ils le considérable réchauffement climatique correspondant à la fin de l'ère glaciaire, au paléolithique supérieur ? Les mammouths s'en sont allés, avec le gros gibier, mettant les chasseurs-cueilleurs-pêcheurs à la peine. Qu'advint-il ?

Les premières céréales, avec la domestication des animaux sauvages. Le loup devient le chien (lequel gardera les brebis, lesquelles donneront du lait, qui donnera du fromage). L'auroch se fait bœuf, le mouflon, mouton, le sanglier, cochon, le nomade, sédentaire, la tente, maison pérenne, le prédateur, éleveur et l'ancêtre, un dieu. Sur le tremplin d'un malheur il arrive ainsi qu'on rebondisse, en extrayant d'un pire un mieux. Cette transition a certes pris des millénaires, et sur notre Titanic, on compte en décennies. Les grandes peurs ont en tout cas le mérite de nous révéler comme digne d'être aimé et défendu *mordicus* le purgatoire où, en attendant la fin du monde, nous purgeons nos désinvoltures. Les nôtres ont un fondement tangible et visible, par quoi elles se distinguent des angoisses qui turlupinaient, dans le Royaume de Juda, le prophète Jérémie, et aux États-Unis, le sénateur McCarthy. Des tonnes de déchets plastiques dérivant sur l'Océan, les hormones de croissance, les îles et rivages menacés de submersion et les migrants climatiques ne sont pas des fantasmes. Ils sont bien là, irrécusables, et les dégâts, irréversibles. Ce que Faust, en somme, avait oublié, et nous avec lui, c'est que l'homme est partie intégrante, et non surplombante, de la Nature. Il se croyait au-dessus, et se découvre dedans. Avant de se caresser le nombril en se qualifiant d'être parlant, raisonnant et sociable, le bipède sans plumes – comment avions-nous pu l'oublier ? – est d'abord un *être vivant*. Et depuis 250 millions d'années, neuf espèces vivantes sur dix ont disparu. À qui le tour ?

Bienvenus donc les lanceurs d'alerte, qui nous ont rappelé l'urgence de rentrer à la maison. *Oikos*, en grec. *Oikeien*, garder la chambre. *Oikonomia*, la gestion des affaires domestiques. D'où viennent nos mots à nous : *œkoumène*, la portion de la Terre habitée et cultivée, *économie*, un savoir approximatif qui se donne pour une science, et *écologie,* l'étude des interactions entre les organismes vivants et leur milieu physique. La maisonnée, depuis les Grecs, a grandi. Ce n'est plus le clocher avec son coq, mais la bille bleue aux écharpes blanches flottant dans l'espace intersidéral que nous ont dévoilé les prises de vues d'internautes, nous forçant à ouvrir le viseur bien au-delà des vieux parapets. Et il n'y a pas que l'espace, le temps aussi a changé d'échelle. D'historique, il est devenu géologique. Sauter à pieds joints dans le Quaternaire quand on épelait déjà péniblement les siècles, c'est un choc de temporalité qui laisse un peu groggy. Et rend bien dérisoires les bisbilles municipales d'un Landernau insoucieux du destin d'un satellite d'exception dans le système solaire, puisque pourvu d'eau, et donc de vie. Notre petite boule terraquée demande grâce, ne faisons pas la sourde oreille. Puisque vouloir la transformer, c'était la saccager, notre premier devoir c'est de préserver le peu qui nous en reste, en y touchant le moins possible. Principe de précaution.

Fini, les flonflons futuristes, les blablas utopiques, nettoyons dare-dare la planète – et nos plages. Tournons humblement les yeux vers la mince pellicule d'humus qui reste encore sous nos pieds, et laissons-la aussi propre qu'on aurait dû la trouver. Il ne s'agit plus de gagner un Eldorado, mais de sauver les meubles *hic et nunc.* Conserver, c'est bien ; restaurer, c'est mieux ; et puisqu'on avait fait fausse route, revenir sur ses pas est conseillé. Où aller se régénérer, rejaillir à l'état neuf ? Là où les faustiens n'ont pas encore sévi, où la Création reste impolluée. Au Bhoutan (éviter Katmandou), au Nouveau-Mexique (éviter la frontière), à l'île de Socotra dans l'océan Indien (éviter le Yémen), dans le désert (éviter le Sahel), ou à défaut, en haut des arbres, en Ardèche ou en Corse.

3. SALVATEURS INGÉNIEURS

Ces exotismes de *tour operator*, ces naturismes sur commande, dont on peut s'amuser, ne devraient pas, malgré nos propensions au bucolique, nous inciter à diaboliser le génie technique de nos ancêtres. Nous sommes en dette avec lui car nous lui devons d'avoir pu atténuer, vaille que vaille, notre bestialité congénitale.

Faust n'a pas été qu'un mauvais diable, il en a tiré beaucoup du malheur, le Grand Alchimiste. En forçant la nature, en domptant la violence qui lui est inhérente, il a forgé les outils de notre survie obstinée. En nous permettant tour à tour, à chaque changement d'écosystème, d'échapper à la corne de l'auroch avec un silex taillé, à l'angoisse de la nuit avec l'électricité, à la faim avec le *corned-beef*, à nombre de bacilles tueurs avec des molécules chimiques. Et que dire de notre troisième révolution industrielle, après la vapeur et l'électricité, le microprocesseur ?

Pas de doute que la révolution 2.0 a allégé nos valises, et rendu la vie mille fois plus facile. C'en est fini du « tu mangeras ton pain à la sueur de ton front et tu enfanteras dans la douleur ». L'ère faustienne était dure et hiérarchisée, l'ère digitale se voudrait égalitaire et ouverte, donnant à chacun le droit de participer au jeu. Laissons provisoirement de côté les coûts de la sujétion numérique : clôture des bulles, invasion du n'importe quoi, chute drastique de l'attention, empire du procès et volatilité des convictions. Ce sont là de fâcheuses nouvelles, et il faut, pour conquérir et garder un public, n'en donner que de bonnes (comme, par étymologie, l'*Évangile*). N'insistons pas. L'optimiste fait un tabac, l'avisé, un four (avant 1940, qui proclamait que « la guerre de Troie n'aura pas lieu » croulait sous les vivats). Impopulaire, Cassandre. Mais ce n'est pas pour se rendre enfin sympathique (il serait temps) que le ronchon soussigné se déclare redevable à l'*homo faber* d'avoir pu, malgré les inconvénients susdits, vivre un siècle non de fer mais d'argent, dans une Europe au BIB (bonheur-intérieur-brut) sans égal (trois pays sur le podium olympique, dans l'ordre, Danemark, Suisse, Islande). N'est-ce pas en brimant la loi naturelle qu'après « le triomphe de la Volonté », dans le stade de Nuremberg, a pu émerger celui, plus rassurant, d'un délicat laisser-vivre ? Ayons au moins la reconnaissance du ventre pour les outillages du refoulement, prothèses et interdits grâce auxquels la bête féroce qui ne dort en nous que d'un œil peut de temps à autre cesser d'humilier son voisin, de violer sa voisine et de mettre les chômeurs à la rue. Sans ces artefacts contre-nature, nous n'aurions pu tailler des îlots d'humanité dans la jungle. Ni savourer, à domicile, « un Dimanche de l'Histoire » dans notre pays encore bien inégalitaire mais qu'on peut estimer, malgré les apparences…

– *Encore civilisé*, avec de justes et fortes colères plébéiennes, mais où adulte mâle et bien portant n'a jamais eu à revêtir l'uniforme, serrer un paquetage ni tirer un coup de fusil (ce dont se réjouirait un jeune helvétique ou israélien). Où une déclaration présidentielle de guerre au terrorisme n'a pas d'incidence sur notre train-train, celle-là étant déléguée à des services hautement spécialisés (et remarquables). Où aucune menace existentielle ne pèse sur la nation. Où les incivilités se multiplient mais où le moindre recours à la violence physique discréditerait un Parti politique. Malgré les attentats terroristes, la montée des incivilités, les permanences vandalisées et le retour d'un anarchisme provocateur (que seul le Mouvement ouvrier peut renvoyer en touche), le taux d'homicides pour 100 000 habitants est dix fois moins élevé en France qu'aux États-Unis (0,6 contre 5,2) ; un pays sans couvre-feu ni tribunaux militaires, où quelques voitures incendiées font parler d'ensauvagement, mais où les forces de l'ordre qui peuvent frapper, blesser, éborgner des dizaines de manifestants se gardent de franchir la ligne rouge du tué par balle (précaution jugée inutile sur les trois quarts de la planète). Où les garçons, quand ils ont dix ans, ne jouent plus aux soldats de plomb, et rêvent, quand ils en ont vingt, de rejoindre non plus les Brigades internationales en Espagne mais le bateau d'une ONG en Méditerranée. Où la concurrence pour les honneurs officiels et les faveurs de l'opinion se déroule moins entre héros qu'entre victimes, détentrices de créances à vie sur la conscience collective. Où l'on ne dit plus *lutte* mais *dénivellation* de classes et où la mort au combat de deux commandos en mission et celle d'autres malheureuses victimes d'un accident en opération provoquent une légitime émotion alors que vingt mille soldats français tués sur la Marne en un seul jour (et plus tard, dans la bataille de la Somme, vingt mille soldats anglais) laissaient impavides les officiels de 1914. Ce refus des civils d'avoir un jour à verser le sang, pour quelque cause que ce soit, la France, l'Europe ou l'Humanité, n'a pas d'autre exemple dans notre histoire. Ils ont bien du mérite, nos gouvernants qui entonnent d'un air pénétré le « Aux armes citoyens » (et non aux arbres), le « Formez vos bataillons » (et non *All you need is love*) du premier couplet de *La Marseillaise*. Encore heureux qu'ils ignorent les strophes suivantes et le « tout est soldat pour vous combattre ». Il y aurait des cris de protestation dans l'assistance ;

— *Féminisé*, dans ses valeurs, ses jeans, ses sweats unisexe, ses boucles d'oreilles et son écriture inclusive, y compris des sports violents (une défenseuse, une buteuse). Où une estimable dame, sans faits d'armes connus, est en charge des Armées, comme d'autres non moins valeureuses, président la Commission européenne, la Banque européenne, le Fonds monétaire international, etc. Où l'État, nom masculin, s'efface devant *la* société civile et rêve de s'affubler en *Big Mother* vouée au *care* et au *cure* pour s'excuser de lever des impôts. Qui a mis fin au subterfuge d'une démocratie phallocratique, assez misogyne pour accepter qu'il pût y avoir sur 1 038 Compagnons de la Libération, 6 femmes, et où la moitié du Ciel se voit enfin restituer sa juste place. Où Marie-Antoinette intéresse plus les cinéastes que Louis XVI, Simone de Beauvoir plus les thésards que Jean-Paul Sartre, Frida Kahlo plus les commissaires d'exposition que Diego Rivera, son mari, et où Zelda, dans nos magazines, le dispute à Scott (Fitzgerald). Les bras nous en tombent quand on lit que «les femmes font les mœurs et les hommes, la loi», ou, pire encore, que le «passage de la mère au père caractérise une victoire de la vie de l'esprit sur la vie des sens, donc un progrès de civilisation». Sigmund Freud, l'auteur de ce propos «nauséabond», aurait à en répondre devant le/la juge. Il est même des optimistes pour pronostiquer, malgré harcèlements du petit chef, salaires inégaux et féminicides, qu'après la libération viendra le matriarcat (la condition de victime, préambule obligé, autorisant tous les espoirs). Ce passage de flambeau – un pas de plus vers la civilisation – devrait épargner à feu le sexe fort de vains combats d'arrière-garde. Une récompense de cet imminent renversement d'hégémonie: si les djihadistes peuvent rendre la vie invivable en terre d'Islam, mettre sous leur coupe, chez nous, des quartiers en sécession et s'infiltrer jusqu'au cœur d'une Préfecture de police, ils sont trop *barbus* pour être massivement contagieux, convertir à leur mode de vie, et moins encore égorger une civilisation appelée à devenir incoerciblement et impérieusement féminine. Pilosité rédhibitoire. Contre l'infection virile, la croissante féminitude de nos sociétés constitue une défense immunitaire sous-estimée. Et un barrage contre le suicide collectif, puisque la domination des mâles et la destruction de la nature sont allées de pair, l'une n'allant pas sans l'autre ;

– *Présentifié*, aplani, préservé de toute mise en relief de l'actu, suite notamment à de nouveaux enseignements qui font un sort à nos excentricités d'antan, Révolution ou Résistance (présentée celle-ci comme une affabulation gaullo-communiste). Où s'éteignent les passions historiques, filles elles-mêmes d'une fréquentation assidue, dès les bancs de l'école, d'un roman national défait et dont le moindre essai de reconstruction passerait pour une ânerie. À la bonne heure. Les Annales constituent un matériau explosif, toujours susceptible de donner à des nouveaux venus l'envie d'effectuer « le saut du tigre dans le passé » (où Walter Benjamin voyait le ressort de toute révolution), et de s'élancer dans le roman de l'avenir en prenant appui sur les grands ancêtres – à la Rome classique pour la Révolution française, à 1789 pour les quarante-huitards, à 1848 pour les Communards, à la Commune de Paris de 1871 pour les bolcheviks de 1917, et ainsi de suite. Sans Caton, pas de Saint-Just, sans Plutarque pas de Napoléon, sans Cyrano, point de grand Charles. Une déshérence organisée désamorce toute idée de remonter le cours dégénératif des choses sous l'effet de réminiscences pouvant raviver nos « mauvais penchants ». Comme il n'est pas de projet sans mémoire, l'effacement des perspectives de temps engendre un présent en à-plat où le *sea, sex and sun* cache mal la déprime en sous-sol. Le nez sur le bonus et le taux d'intérêt, on ne voit plus que de vains moulinets dans les révolutions d'hier qui avaient cru renverser la table pour de bon (d'où chez les demi-soldes et invalides de guerre, quelques vagues à l'âme). En l'absence d'un point de fuite ou d'un modèle de société à atteindre, la rupture avec le désordre établi se cherche à tâtons un programme pour donner débouché à la grogne généralisée. Une révolution est une idée, la révolte, une colère. « Agir en primitif et prévoir en stratège », conseillait René Char. Le primitif sans stratégie, la jacquerie sans horizon ne mettent pas les injustices en péril, et peuvent même, bien exploités, leur servir de repoussoir. Doit-on pour autant se plaindre de ces soulèvements qui ne se veulent pas des révolutions ? Certes non. Vu les couacs des lendemains chanteurs, et l'écrasement au sol des assauts au Ciel les plus réputés, les cocus de l'espoir (on fait partie de la troupe) devront se faire une raison ;

– *Revitalisé*, résolument jeune et lisse, sans rides ni taches de vieillesse, où le vif saisit le mort, où se sont évanouis le corbillard dans la rue, le crêpe, le brassard et les habits de deuil en société. Si la façon de se débarrasser des cadavres exprime l'inconscient des civilisations (comme des religions qui leur servent d'ossature) selon qu'on y expose, maquille, embaume, enfouit à même la terre ou abandonne aux vautours le macchabée en haut d'une tour, l'essor chez nous de la crémation (au mépris du bilan carbone) révèle un net progrès dans l'art de faire glisser le noir sous le tapis vert. Plus de stèle ni de cippe ni même de rituel. On végétalise, on fertilise, on *positive*, avec *l'humusation* des dépouilles et le cercueil en carton. Le recyclage du grand-père en compost au bout du jardin, c'est une économie de temps et d'argent (789 euros l'enterrement, mauvaise nouvelle pour les pompes funèbres, bonne pour les familles). Nos restes contribueront à l'entretien des parcs et vergers. Ce sont les rayons X du néant qui interrogeaient le sens de la vie, donnant parfois un peu de profondeur aux perplexités d'usage. L'escamotage des tombes, retirées de la vue, fait s'évaporer la question elle-même. La mort interdite rend l'air plus léger, et permet, dans un tournis de faits divers insignifiants, d'anodins babillages. Après la guerre zéro-mort, la ville sans tentures noires à fils d'argent sur les portes cochères, antichambre d'une vitalité zéro-mort, est une « utopie concrète » pour une fois concrétisée.

Quel individu, s'il n'est pas neurasthénique, oserait se plaindre de l'adieu ainsi fait au tragique et aux larmes d'antan ? De notre aspiration, au milieu de tant de catastrophes, à retrouver un bonheur innocent, des joies saines, un air vif ?

4. UN NOUVEL « HOMME NOUVEAU »

La société industrielle avait engendré, avec une Résistance ouvrière en pleine forme, une idéologie galvanisante : le socialisme prolétarien, suivi d'une triste dérive, le communisme bureaucratique. À la lumière rougeoyante des incendies parisiens de 1848 et 1871, une rigoureuse analyse, par Marx, des rouages du Capital a débouché sur un exaltant programme de refondation du monde qui a conquis bien des cœurs et des consciences. La société numérique qui lui a succédé, engendre sous nos yeux, à la lumière non moins rougeoyante de nos forêts en feu, une nouvelle et saine exaltation, un autre mouvement d'idée lui aussi adossé à une science non plus sociale mais naturelle. Le point de mire n'est plus une société sans classes ni exploiteurs, mais sans carbone ni déchets à la dérive. L'ennemi principal n'est plus le patron mais la fumée d'usine. L'atmosphère psychologique se dégrade car la dépression n'est pas seulement climatique. L'air se réchauffe, l'humeur se renfrogne. On vivait dans l'attente d'un avenir solaire, avec, chez les plus démunis, quelques prises de gage sur le Grand Soir, à la Fête de l'Huma. C'est la fin de l'humanité qui fait désormais de l'ombre à tous, pousse une poignée de prévoyants vers le tir à l'arc et la permaculture au balcon, et les plus aventureux, vers des projets de colonisation de l'Antarctique où la banquise aura fondu. Dans les programmes dits de gauche, la transition à la neutralité carbone efface l'ex-transition au socialisme, devenu un gros mot. Le zéro déforestation, le zéro exploitation, comme si les revendications égalitaires n'étaient plus à la hauteur du « challenge ». Qui ose encore parler d'État-Providence, de protections sociales, de l'aliénation des gallo-ricains que nous sommes devenus, des services publics, de la recherche fondamentale dans la Cité (à quand le stockage des énergies renouvelables ?) ?

À chaque âge, son Souverain Bien au prochain tournant. C'est notre oxygène. Sans une promesse de rénovation du monde, qui ne sécherait sur pied ? En attendant, bien modestes peuvent apparaître les tâches des urgentistes du Samu global. Elles sont à bon escient terre à terre et d'autant plus louables que désintéressées et symboliques, à fonction d'entraînement ou d'exemple (la France représente 1 % des émissions de CO_2 mondial, grâce au nucléaire qui produit une électricité décarbonée). Bazarder ses couverts en plastique, se servir exclusivement d'ampoules basse consommation et de shampooings à l'huile de coco bio, n'admettre d'emballages que recyclables et pas d'autre litière pour son chat qu'à base de copeaux de bois et de résidus de maïs, économiser l'eau en se lavant les dents, boire son Perrier citron sans paille en polypropylène, renoncer au Nutella eu égard aux orangs-outans, et isoler son logis. Toutes précautions vernaculaires qui s'adossent à la vaste question des OGM importés, herbicides cancérigènes, bétonnage des terres arables, déchets nucléaires, lobbies pétrochimiques, et de l'avenir incertain réservé aux loups gris des forêts (l'homme étant un loup pour l'homme, thèse jusqu'ici non démentie par les faits, leur futur ne saurait nous être indifférent). Sur notre agenda : défendre *in situ* les ZAD, surveiller abattoirs, aquariums et zoos, renoncer à l'avion pour les vols intra-européens et se préparer au remplacement, si la voiture électrique devait s'avérer antiéconomique, du moteur thermique par la traction animale et le vélo-pousse. L'Union internationale pour la conservation de la nature (UICN) n'exige sans doute pas les mêmes abnégations, le même don de soi que la Quatrième Internationale de Trotski mais si les sacrifices sont moindres, le retour électoral sur investissement paraît meilleur. Le Parti animaliste (2,4 % des voix en France) rattrape déjà le communiste aux élections européennes. Chimène n'a plus d'yeux pour les prolétaires mais pour les ruminants. Au « Ah, ça ira ! Ça ira ! » succède le « Ah, ça triera, ça triera ». Le soin des ordures ménagères relève d'un nouvel esprit de responsabilité dont on peut se prévaloir. Ces humbles obligations (si on n'entend pas mourir pour la cause) sont autant de gagné sur l'échéance fatidique. Jouer petit bras favorise le développement durable. « Le monde, disait Valéry, ne vaut que par les extrêmes et ne dure que par les modérés. » Nous sommes payés pour le savoir, nous les vieux schnoques circonspects : le médiocre ne fait pas d'étincelles mais il allonge l'espérance de vie.

Le repli sur nos arrières domestiques ne saurait cacher l'ampleur de ce qui se joue, et qu'il serait inconséquent de réduire à un ténébreux complot contre René Descartes, les cours de la Bourse et les valeurs du monde libre ; et encore moins, à un engouement médiatique ou à la fixette bio-bio du bobo des centres-villes. Ce serait simple confort intellectuel que de brocarder les menus gestes climato-compatibles (emballages, covoiturage, cotons-tiges, gobelets, etc.). Indépendamment du charisme de nos porte-étendards nationaux, justement admirés pour leur intégrité et leur vaillance comme Nicolas Hulot ou José Bové ; au-delà de notre dette philosophique envers Ivan Illitch et Jacques Ellul, Edgar Morin, avec son appel à passer de la science à la conscience planétaire, Michel Serres, avec l'idée d'un contrat avec la nature comme sujet de droit, émerge un *ethos* qui, en attendant de changer le monde, change d'ores et déjà la représentation que nous en avons.

Il est logique que la jeune classe prenne les devants. Ce n'est certes pas une raison pour lui emboîter le pas benoîtement. Il n'échappe à personne de quoi le culte de la jeunesse aura été le nom au vingtième siècle : du fascisme sous toutes ses couleurs, depuis le régime mussolinien, dont l'hymne officiel s'appelait *Giovinezza,* jusqu'à la « Révolution culturelle » chinoise, qui enjoignait aux enfants d'infliger à leurs aînés toutes sortes de sévices, brimades et cruautés, en passant par le nazisme, exaltation hystérique du corps juvénile et musclé, qui a érigé en loi la protection des animaux, sans oublier les Chantiers de la Jeunesse et Radio-Jeunesse de Pétain. Inciter les adolescents à devenir leurs propres maîtres, en jetant le grand-père par-dessus bord, cela tourne vite à la barbarie. On doit néanmoins se réjouir de voir monter au créneau une génération de jeunes diplômés dont il y a tout lieu de craindre qu'ils ne savent pas distinguer, à la campagne, un chêne d'un bouleau, ou une aubépine d'un lilas, mais qui a le mérite de se chercher un autre avenir qu'assistant-chef de produit chez Unilever, avec d'autres ambitions que d'avoir, un jour, trois Ferrari et deux hélicoptères à sa porte. Remercions-les de battre en brèche l'imbécillité du tout-économique, l'adoration nihiliste de l'argent, et l'affairisme cynique des dernières décennies. Qu'une nouvelle vague d'Occidentaux puisse concevoir un Occident où tout ne serait pas à vendre, utérus y compris, un autre mode de vie que celui qu'impose « la concurrence libre et non faussée », empêche les anciens de jeter le manche après la cognée. Un vœu pieux pour le maître-autel du Parlement européen et les homélies onusiennes ? Certes, mais mieux vaut un idéal régulateur, fût-ce un cri du cœur, que pas d'idéal du tout. Qu'on nous permette seulement de rappeler à la garde montante qu'il faut du temps pour devenir jeune.

« La France sera sauvée quand les vieux regarderont en avant et quand les jeunes regarderont en arrière. » Victor Hugo a fait ce souhait qu'il serait urgent de combler. Que peut donc apercevoir une vieille moustache obéissant à sa toujours jeune barbe blanche, en braquant ses jumelles vers l'avant ? Une civilisation, la nôtre, en train de changer subrepticement *d'englobant*. Nous avions vécu sous la cloche de l'Histoire ; nous vivrons sous celle de la Nature. Le siècle rouge a porté au paroxysme l'espérance, déçue, d'un salut par une marche en avant, dont les avant-gardes avaient la charge et le secret. Le siècle vert ne veut plus d'un futur à risque. Il cherche son bonheur dans des jouvences perdues, des puretés oubliées. Il bat son plein en Europe, qui laisse à d'autres peuples le soin de verser le sang pour assurer sa défense et déguerpit au premier coup de feu. Nos mentalités locales ont dorénavant pour étais les quatre piliers d'un ordre moral aseptisé, où les mineurs auront interdiction de regarder une corrida, où les enfants seront privés, pour leur bien, du claquement de fouet du dompteur sous chapiteau et du tabouret de l'éléphant, ces joies naïves du cirque dont nous ignorions la cruauté : le *pacifisme*, on ne veut plus de service militaire – prééminence des secouristes sur les soldats. Le *sexisme* – le genre comme prison identitaire et principe de rangement, à l'instar de la race. Le *présentéisme*, on ne veut plus du passé comme aiguillon ni d'une histoire en référence – seulement un tourisme de la mémoire, et des fiertés patrimoniales. L'*eudémonisme* (le bien-être en but suprême) – on ne veut plus voir des cercueils circuler sous nos fenêtres – il y a des lieux pour ça, les hôpitaux. Plus de citoyen ni d'universel. Le génome comme destin et le faciès comme stigmate.

Toujours consolatrices, nos amours enfantines. C'est le vert paradis après le purgatoire, c'est l'herbe qui repousse dans nos friches industrielles. Au vu des économies de sueur et de sang que nous permet, en outre, l'oubli de certains mots imprononçables – honneur, grandeur, fierté, cohérence, fidélité – le soulagement peut se comprendre. L'Europe a fait son deuil des vieilles lunes. C'est une veuve joyeuse, qui se plie de bon cœur aux contraintes émeraude du marché total, notre régime de croisière qui a largué ses amarres symboliques, expédiées aux Musées et aux Conservatoires.

Le vert s'oppose au rouge comme le passage au blocage, l'ouvert au fermé, le sourire au rictus, les zones humides aux zones sèches. Dans son *Spirituel dans l'art*, Kandinsky a creusé le sujet : « Le vert absolu est, dans la société des couleurs, ce qu'est la bourgeoisie dans celle des hommes : un élément immobile, sans désirs, satisfait, épanouie. Ce vert est comme la vache, grasse, saine, couchée et ruminante, capable seulement de regarder le monde de ses yeux vagues et indolents. Le vert est la couleur dominante de l'été, le temps de l'année où la nature, ayant triomphé du printemps et de ses tempêtes, baigne dans un reposant contentement de soi. » Europe, la princesse phénicienne enlevée par un taureau, n'est-elle pas déjà en train de goûter la teinte apaisante qui fait le bonheur des vaches, si possible en position couchée ?

Relevons, à côté de la symbolique immémoriale des couleurs, quelques glissements subliminaux dans le cortex collectif.

Il s'est produit d'abord une *permutation des pôles* dans l'atlas du rachat. La corruption est au Sud, la rédemption au Nord. Le remords change de méridien en même temps que le péché. *L'exploitation de l'homme par l'homme* a regagné les coulisses dont le siècle rouge l'avait laborieusement sorti. Ce qui fait honte au nôtre, c'est *l'exploitation de la nature par l'homme*. Il revient donc aux sur-développés, les premiers à l'avoir « arraisonnée », de reprendre la main que les sous-développés ont perdue, comme les Damnés de la terre ont perdu leur *aura*, et de dire le Droit *urbi et orbi*. *La Promesse de l'aube* ne pointe plus côté tropiques, peau brune, yeux en amande, c'est une blonde amincie aux yeux bleus. Le « devenez chinois, cubain, algérien » de Sartre en 1960 est forclos. L'injonction, en 2020, c'est « devenez lapon, islandais ou danois ». L'homme nouveau va au bureau à vélo, à Amsterdam, fait la vaisselle à Stockholm, du ski de fond près d'Helsinki, prend son congé paternité à Copenhague et plonge dans l'eau glacée à Oslo. À vrai dire, l'homme nouveau est une femme, cheveux courts, talons plats, une cheffe de gouvernement qui fait ses courses à la supérette, en payant son berlingot de lait pasteurisé avec sa carte bleue personnelle. Là où les dignitaires ne s'empiffrent pas de homard, où la piste cyclable est reine, l'air, diaphane, les corps, poncés, les comptes, transparents, les syndicats, coopératifs, les femmes, ministres des cultes, les temples, protestants, et les âmes, propres, là est le Bien. Pas de rideaux aux fenêtres, comme chez les cathos. On n'a rien à cacher. On se retrouve tous nus au sauna, où le vice exsude par tous les pores de la peau. On est de plain-pied avec la loutre et le sapin, dans une mondialité sans complexe, à l'anglais dès le berceau, la langue locale en dialecte. Et dans l'humanitaire : pas *d'opex* ni d'interventions militaires contre-productives. La gendarme suffit, ou le casque bleu.

Permutation, en parallèle, des hautes figures intimidantes. Nos modèles d'identification n'ont plus un AK-47 dans la main ni une *Légende des siècles* en tête, mais une carte géologique en poche et un appareil photo à téléobjectif sur la poitrine ; des regards azur clair, un sourire modeste et une imparable noblesse d'âme. Ce sont, en général, des vieilles dames zoologistes, exemplaires et anglo-saxonnes qui ont observé les babouins pendant des décennies dans la forêt primaire d'Afrique et nous ouvrent les yeux sur notre vérité vraie, à savoir que l'ADN de l'homme et celui des chimpanzés ne diffèrent que de 1 %. Éducation sexuelle, microcrédit, donations humanitaires et tempérance. Comment ne pas s'incliner ?

L'optimum éthique marié avec les climats froids, la redistribution des mérites sur le *theatrum mundi* s'accompagne d'une *transmutation* dans les soucis de propreté morale. En clair, un renversement de la question numéro un dans notre examen de conscience. Pendant un millénaire, l'homme moral s'est demandé : « où en suis-je avec Dieu ? » Puis, à partir de la Renaissance : « où en suis-je avec mes congénères ? » Et aujourd'hui « où en suis-je avec les animaux ? » L'Occidental se cherchait au Ciel ; il s'est cherché ensuite dans son semblable ; il se cherche à présent dans le chimpanzé – au risque de s'y retrouver. *Nous passons d'une condition spirituelle à une condition naturelle.* La première, comme bue par la seconde. Reclassement ou déclassement, ce n'est pas là une mince affaire.

Reste à se demander si *l'homme de la nature ne nous masque pas la nature de l'homme,* et si les idées de Liberté, Égalité, Fraternité doivent quelque chose au spectacle du monde animal. C'est la question à laquelle il nous faudra bientôt répondre, une fois absorbé le choc de notre brusque retour à la terre et aux corps.

Dans l'immédiat, notre ordre du jour est celui que nous a fixé le patriarche Hugo, en le prenant de haut et de loin, comme il sied. « La religion, la société, la nature : telles sont les trois luttes de l'homme. Ces trois luttes sont en même temps ses trois besoins : il faut qu'il croie, de là le temple ; il faut qu'il crée, de là la cité ; il faut qu'il vive, de là la charrue et le navire. Mais ces trois solutions contiennent trois guerres. La mystérieuse difficulté de la vie sort de toutes les trois. » La lutte prioritaire, c'est aujourd'hui pour l'Océan et la biomasse. Contre qui ? Le prédécesseur, comme toujours. Le théologien a jadis remis le païen à sa place ; puis le sociologue a fait de même avec le théologien ; c'est maintenant au primatologue de rétrograder le sociologue. Pour le géant de Guernesey, il fallait se battre sur les trois fronts à la fois, mais la chronologie des affrontements en Occident témoigne plutôt d'une progression par étapes. Selon le fondateur de la religion de l'Humanité, Auguste Comte, celle-ci était censée passer par trois états différents : le *théologique* ou le fictif, le *métaphysique* ou l'abstrait, le *scientifique* ou le positif. Mais en préambule, et en amont, il y avait le *fétichisme* (ou si l'on préfère, l'anthropomorphisme). Il règle le dehors sur le dedans, ce qui permet à l'homme de maîtriser fictivement tout ce sur quoi il est sans prise en projetant sur la nature inerte l'expérience qu'il a de son for intérieur. Or, loin d'un inexorable progrès vers la positivité, nous sommes témoins d'un fétichisme revigoré, où « la vie secrète des arbres » et « les souffrances de la Terre » nous serrent toujours plus le cœur. Au lieu d'aller de l'adolescence à l'âge mûr, c'est comme si on retombait en enfance. Le progressiste vieux jeu va devoir changer de catéchisme, et faire machine arrière (au sens propre) s'il veut rester à bord. Il y avait plus de passé dans le futur que prévu, et plus de nature tout au bout de notre culture que ne l'avaient annoncé le Siècle des Lumières, Condorcet et Pasteur.

Hegel au piquet et le Christ avec lui, nous revoilà de plain-pied avec Épicure (341-270 av. J.-C.). Plus de vaines charités ni de fausses espérances. Autolimitation des plaisirs, bain de soleil et jus de légumes au saut du lit. Les réconforts perdus de la nature remplacent, sur l'autel domestique, les aïeux par les abeilles. Et cela, bien que les ruches n'ont pas d'histoire, puisque reines et ouvrières sont aujourd'hui strictement les mêmes qu'au temps des *Géorgiques*, ce dont ne saurait se vanter notre imprévisible et changeante espèce. *La Condition humaine* de Malraux aurait dès lors moins à nous apprendre sur nous que *La Vie des abeilles* de Maeterlinck. Découvrons « l'esprit de la ruche » – oublions Michelet et Marx, l'esprit d'une nation ou celui des travailleurs. Libérés du « noble joug du passé », nous voilà passés de la main du temps dans celle de l'espace, d'une éthique à une éthologie. C'est le triste sort de la condition animale : elle manque de suspense. Fermée sur elle-même, elle se mord la queue, de siècle en siècle. Elle ignore les renouveaux et métamorphoses que nous valent, à nous, les puissances de l'Esprit (la science au premier chef), qui empêchent de se répéter et préservent de l'ennui.

S'il faut malgré tout, en fin de compte, tourner la page de l'homocentrisme déguisé en humanisme, c'est pour un faisceau de causes objectives et incontestables. La crise est trop macroscopique et cosmique pour ne pas interroger les *a priori* du vivable et les conditions de possibilité d'une extinction des vivants. Une extraordinaire convergence de périls crée un engorgement de nuisances sans précédent : le dérèglement climatique, l'engorgement démographique (avec de moins en moins de paysans pour plus de citadins), la transformation en ouvriers et personnels de service de ruraux innombrables (Inde, Chine, Asie, mais aussi Afrique), les étalements urbains, l'essor sidérant des moyens de transport, aériens et maritimes, la hausse constante des consommations et dépenses d'énergie, l'épuisement des ressources de base, l'eau et le sol, le mode de vie du premier monde et l'alignement des autres sur lui – tout cela ensemble projette sur le devant de la scène une instance jusqu'ici à l'arrière-plan (on n'en parlait pas, il y a 50 ans) : le climat. Il est donc juste qu'on s'interroge en premier lieu sur les conséquences atmosphériques, et non plus sociales ou bien économiques, d'une mesure législative ou réglementaire. Prenons garde, cela étant, que l'arboretum n'en vienne à occulter le forum, et qu'un « il y a » ne dégénère en « yaqua ». Une illusion d'omnipuissance politique, atavisme national, a longtemps masqué les paramètres économiques, lesquels, se croyant suffisants, ont masqué à leur tour les fondements géophysiques d'un PNB. On répare, ce faisant, une lacune par un trop-plein. Une amnésie par une obsession. Souvenons-nous, sans remonter jusqu'à l'imbécile « tout est politique » d'hier, de la dernière en date de nos monocultures toxiques. N'est-ce pas le fondamentalisme économique – ou la croyance que le tout de l'homme repose sur et dépend de son système de production et d'échange – qui a fini par liquider, dans sa version communiste, la Russie soviétique, en attendant de liquéfier, dans sa version libérale, l'Union européenne ?

Il est toujours tentant, face à une impasse jusqu'alors inaperçue, de chercher la solution d'un problème sérieux en en faisant un absolu, quitte à lui sacrifier tous les autres. N'avions-nous pas, naguère, érigé en attrape-tout tantôt la question nationale, tantôt la question sociale ? Pourquoi la question « environnementale » ne connaîtrait-elle pas le même sort ? Une montée plus ambitieuse encore, vers une autre apothéose proprement spirituelle ?

5. UNE RELÈVE RELIGIEUSE

Aucune société persistante et consistante ne peut survivre sans ce qu'on appelle, d'un latinisme problématique mais qu'on reprend ici par commodité, une « religion ». Bien connues sont les religions séculières du temps passé qui ont soutenu le moral des troupes et dicté les conduites : scientisme, progressisme, communisme, productivisme. Ayant atteint leur date de péremption, il est normal qu'une autre leur succède, entre compassion bouddhiste et mystique taoïste, qu'on pourrait qualifier non de post- mais de préchrétienne. Le grand Pan de retour viendrait alors relayer des héritages en voie d'épuisement, prenant à rebours les postulats de la Raison en marche. Convenons que la transition d'une société thermo-industrielle à une société agro-pastorale, de l'usine au potager, du diesel à la planche à roulettes, de la Croix au Soleil, du prêtre au druide, n'était pas précisément inscrite au programme de l'émancipation. En Estonie, le corps diplomatique est prié d'assister, au fond d'une forêt, à une cérémonie officielle en l'honneur des arbres, au son des olifants, en attendant les hachettes à lame de pierre. Demi-tour néolithique. Les chamans sont de retour.

Si le culte de la Nature, qui ignore la roue, l'angle droit et la Sécu, nous fait retourner à la case steppe et forêt, il semble se couler, pour faciliter la transition, dans un moule familier à l'ex-fille aînée de l'Église. Un survivant goguenard de la libre-pensée ne pourrait-il relever quelques troublantes coïncidences avec un « opium du peuple » honorablement connu, et des rituels frôlant le plagiat ? N'avons-nous pas nos *synodes œcuméniques* en duplicata – les COP et les *One Planet Summits* ? Nos Chartes et Déclarations solennelles en guise de *professions de foi* sans grand effet mais réconfortantes ? Nos *mécréants* – les climato-réalistes, et nos *hérétiques*, les climato-sceptiques ? Nos *processions*, nos *rogations* urbaines avec étendards, antiennes et adjurations ? Nos *prophètes de malheur*, qui nous annoncent l'extinction de l'espèce d'ici cinquante ans, et nos *sublimes rêveurs*, qui nous annoncent, eux, une société écoresponsable, collaborative et transparente ? Nos *cérémonies des vœux*, avec les serments de fidélité prêtés en grand équipage par tous les candidats à la Présidence sans exception (chacun d'eux exigeant sa part d'auréole)? Nos *pratiquants* de stricte observance, les véganes, et les simples croyants, mode carotte râpée et yogourts bios, mais qui ne renoncent pas au steak haché, bien que le bœuf élevé au soja contribue à la ruine des couverts végétaux? Une mouvance « sociale » et une autre « identitaire », qui ne s'entendent pas, pas plus que les chrétiens de gauche avec leurs coreligionnaires de droite (la première anticapitaliste contre la marchandisation des fœtus et de l'oxygène; et la seconde voyant d'un bon œil l'alliance du trône et de l'autel). Des *animistes illuminés* (pour qui la Terre est une personne qui pleure et crie) et des *casuistes* très scrupuleux (une tomate cultivée en hiver dans une serre chauffée peut-elle encore se dire bio?). Ici, parfois, des *intégralistes* sous la tente, face aux CRS, et là, souvent, des *carriéristes* sous les lambris, face caméra, comme les curés de campagne et les *monsignori*. Il n'est pas jusqu'à l'*Abêtissez-vous* de Pascal qui ne reprenne des couleurs, à voir dans quel silence contrit nos plus hautes autorités se font vertement tancer, tête baissée, par une austère et sévère adolescente, Luther derechef admonestant les papistes, les fjords, nos marais, une froide vertu, nos tiédeurs louches. L'inversion des flagorneries protocolaires, au demeurant, ne manquerait pas d'interpeller notre bouffeur de curés, imans et pasteurs. Ce ne sont plus les juniors, soucieux de parvenir, qui font la cour aux seniors, mais ces derniers qui doivent courir après les premiers pour ne pas perdre la face. La prime à l'immature paraît augmenter chaque année. Avec le tous-ados de rigueur, il devient clair que l'adulte est lui aussi une espèce menacée, en proie au doute et au stress, mais dont la sauvegarde, dans le cadre de l'étude et la protection des primates, serait sur le point d'être prise en charge, bonne nouvelle, par la *World Wild Fund for Nature,* la WWF (en collaboration avec la fondation Albert Ier de Monaco).

La conception vécue des choses qui prend le dessus a assez de ressources pour répondre aux demandes poétiques de tout ré-enchantement du monde, lequel ne supporte pas longtemps l'état de prose. On y retrouve un péché originel à réparer – notre apathie, notre inconscience ; une propension aux majuscules qui chantent plus qu'elles ne parlent mais qui nous font lever le museau ; un sens de l'humour opportunément amputé, car incompatible avec la gravité d'une mission surhumaine ; une soif de régénération, car même si changer de vie, ce n'est plus changer la vie, se réinventer soi-même au moyen d'une hygiène personnelle valant conversion spirituelle fait un succédané acceptable ; un manichéisme neuroprotecteur – sans un Satan en contrepoint, le bon Dieu perd sa raison d'être (l'Antéchrist parti, le chrétien peut se contenter de sourire). La modernité imposant aux promesses de salut une garantie scientifique, cette nouvelle alliance entre vérités de sentiment et vérités de raison prendrait dignement la suite. La science faisant autorité n'est plus, comme chez Marx, l'économie ou chez Teilhard de Chardin, la paléontologie mais la climatologie. L'OMM, le GIEC, le GCP, c'est chiffré et incontestable. D'où un *Phénomène humain* inversé où l'évolution de l'univers n'est pas une montée mais une descente, le point Omega s'inversant en collapsus, point critique de non-retour ou *tipping point* (après le grec ancien, le *globish,* naturellement).

Sur le versant catéchumène, le prosélytisme ne manquerait pas non plus d'atouts.

Le premier : remplir une fonction vitale, vidée de substance par nos managers aux commandes férus de *consulting* et de *business models,* la fourniture d'un grand récit.

La délégitimation des observances laïques, l'usure des morales d'État – celle des droits de l'homme a trop servi à tout pour rester disponible –, le décri de la Patrie, du

Progrès comme assurance d'un toujours mieux et de la calculette comme panacée, la mise de la République aux normes des démocraties à l'anglo-saxonne ordonnées par l'argent-roi – toutes ces érosions ont peu à peu sapé le crédit des credo qui unifiait tant bien que mal notre archipel, ce puzzle de méfiances communautaires. D'où une place à prendre : non celle des *valeurs*, notion de grand confort qui n'engage à rien puisque, dépourvue de sanction comme d'obligation, elle peut se prêter à des homélies sans exigence ni conséquence, mais, bel et bien, celle du *sacré* social, qui, lui, en revanche *interdit* le sacrilège et *commande* le sacrifice. Il n'y a pas de sacré pour toujours mais il y a toujours du sacré dans une communauté humaine, à quelque époque que ce soit, et même si elle récuse le mot, plus elle se sécularise, plus elle a besoin de la chose. La production de sacralités profanes fut même omniprésente dans les États professant l'athéisme, et la désacralisation de Lénine a précipité la désagrégation de l'Empire soviétique. Chez nous, un espace public désacralisé, donc dépassionné, appelait une recharge dramaturgique pour pallier le morne ennui des pourcentages, et faire rebondir l'intérêt dans l'éternelle série Bons contre Méchants. Le Ciel s'étant éclipsé, la Justice à sa suite, la séquence finale aura cette fois l'Apocalypse pour enjeu. Disparu le Mur de Berlin, le Vilain manquait.

Autre atout : réconcilier deux aspirations jusqu'ici en délicatesse, l'une au bien-être, l'autre à la vertu, idéal pour l'individualisme moralisant qui est le nôtre. Peuvent faire cause commune les artères de mon corps et les veines de la Terre. Les écogestes recommandés, suivre un régime alimentaire bienfaisant (moins de lait et d'aliments carnés, plus de fruits et légumes, si possible de saison), se soigner avec des plantes, vivre mieux avec moins dans une sobriété à la Tolstoï, contribuent à la salubrité générale. L'intéressant pour moi – éviter l'obésité, diminuer mon cholestérol, rester svelte – l'est aussi pour autrui car qui se sent bien dans sa peau fait du bien à l'espèce. Les deux soucis, bien souvent incompatibles, du consommateur et du citoyen se fondent dans mon assiette en une double jouissance, égoïste et altruiste, sanitaire et salvatrice.

Chaque siècle a son mode d'organisation privilégiée. Le siècle rouge cultivait le pyramidal, autoritaire et centralisé. Le vert rejette ce carcan d'un autre âge, en quoi l'ubérisation serait pour son expansion un autre point fort. Notre Réforme, si elle venait un jour à se configurer, n'aurait pas besoin de chasubles ni de Curie, pas plus que la première du nom. Le calviniste marchait à l'imprimé et au papier Bible, l'écologiste à la vidéo et au *tweet*. Avec les pouvoirs épidémiques des réseaux sociaux et démultiplicateurs de l'image-qui-parle-toute-seule, l'état gazeux est optimal parce que malléable et ductile. L'organisation sans organigramme trouve naturellement sa place dans un air du temps qui remplace le gouvernement pas la gouvernance, le Parti par « notre famille », l'institution par l'association, la loi par le contrat, les sermonneurs par les influenceurs, les doctrines par les sensibilités, les syndicats par des collectifs, le clan par le réseau, la Révélation par la religiosité, en un mot, le vertical par l'horizontal. L'informalité de l'écologie politique, comme celle des obédiences évangéliques décentralisées, épouse les vents ascendants du siècle. À la force d'une idéologie *futurocentrée* qui place le meilleur dans l'avenir, elle peut ajouter celle d'une foi *antérocentrée*, qui place son idéal – Ordre, Harmonie et Beauté – dans un âge d'or évanoui. C'est le propre d'une proposition spirituelle que de pouvoir apporter une réponse unique et globale à une multitude de problèmes parcellaires, et c'est à ce surplomb, à la fois destinal et spatial, que pourrait prétendre notre consensus fait communion. Avec la rédemption, sinon du pécheur dans le secret de son âme, du moins de sa résidence ici-bas, et, pour remonter la pente au rien, l'aimant des verts pâturages bibliques. Voilà autant de titres dont pourraient se réclamer ceux et celles qui souhaiteraient prendre en charge, sur un fond d'images désespérantes – pétrel mazouté, mer d'Azov asséchée, New Delhi dans le brouillard, Djakarta inondé –, le Principe Espérance, sans lequel il n'y a plus qu'à éteindre la lumière en partant.

On repère déjà, pour l'heure, des pas en avant dans le bon sens, tels l'assentiment des groupes parlementaires au complet et la possibilité pour des détenteurs du logo de distribuer des franchises à droite et à gauche. Le futur du passé proche a trop déçu pour ne pas amener les rescapés à chercher une vision refondatrice, un autre cheval de bataille pour ne pas dételer et détaler. C'est un bon signe, à cet égard, que la colorisation *a posteriori* de nos équipements et institutions. Mentionnons, pour les premiers, la bouse d'éléphant, la brique, le béton, et jusqu'au *big business*, matériau encore plus réfractaire. Ce dernier se montre prêt à monnayer des indulgences en rémission de ses péchés (objectif des fonds souverains et portefeuilles de gestion : un milliard d'euros sur trois ans). Ajoutons, labélisation moins dispendieuse, le vocabulaire, chaque mot usuel se retrouvant adoubé d'un préfixe *bio* ou *éco* – écodesign, écogastronomie, éconationalisme, écosocialisme, écofinance mais aussi écovillage et écovisite. Combien d'institutions, et non des moindres, n'avaient-elles pas négligé leurs obligations ! On ne peut leur en vouloir car nul ne peut sauter par-dessus son temps. D'où vient qu'un certain nombre de verts à moitié pleins doivent être rétrospectivement remplis. Le catholicisme, ce ne sera plus Grégoire IX et le grand Inquisiteur mais saint François d'Assise et les petits oiseaux. Marx peut à bon droit se reconnecter aux Eaux et Forêts, ayant dénoncé dans sa jeunesse la loi réprimant le ramassage du bois mort et la misère des vignerons de la Moselle. La Vᵉ République elle-même devra se remettre à niveau. Ses rédacteurs avaient eu un moment de distraction. Le retard sera comblé. Et l'article 1 de la Constitution complétée, pour qu'il soit assuré que la République « agit pour la préservation de l'environnement et de la diversité biologique et contre les changements climatiques. » Le nouveau converti en rajoute ? En rire ou en pleurer ? Au choix. Toute religion officielle a ses Tartuffe et ses faux frères. Où a-t-on vu un État mettre en pratique les préceptes du credo qui lui sert de point d'honneur ? « L'oblique génuflexion des dévots pressés » s'inscrit dans ce droit fil. Honneur aux traditions.

N'allons pas plus vite que la musique. Les cultes de remplacement, qui bricolent dans l'incurable, comme vous et moi, ne remplissent pas aisément, ni du premier coup, toutes les cases. Il reste des questions sans réponse dans notre relève en pointillé. Celle de la mort par exemple : quel « après » pour les adeptes ? Comment répondre à l'angoisse du néant ? Quelle transcendance ? Celle du martyre non plus (en dehors des sacrifices financiers) : pas de crucifixions ni de pelotons d'exécution. Les apôtres de la Cause, on ne leur passe plus les menottes, mais des écharpes tricolores. Rien à voir avec les dépossédés autochtones et les communautés paysannes, Brésil, Guatemala, Colombie, Philippines, qui défendent *leurs* terres au péril de leur vie, contre l'exploitation minière des sous-sols et les confiscations illégales. Ces « sans-terre » payent cher leur combat contre le rouleau compresseur du profit à tout-va : des dizaines de leaders assassinés, l'année dernière, par les hommes de main du Capital, brésilien ou global. Cette guerre asymétrique est encore une lutte de classes – exploiteurs contre prolétaires. En revanche, et sans vouloir minimiser un indéniable esprit de sacrifice, la défense de la Terre avec majuscule n'est pas, dans nos métropoles, passible de poursuites. On serait même tenté, toute crainte de hurlements mise à part, par une vilaine pensée : manqueraient ici un Gandhi, un Trotski, un Guevara. Le sang, professait, vers l'an 200, l'apologiste et Père de l'Église Tertullien, est une semence et, pour les expansions de foi, les thuriféraires ne vaudront jamais des bûchers, quoique la transition du bois de chauffe au grain d'encens mérite un coup de chapeau. Il y avait trois façons d'être grand, jusqu'ici : par ses souffrances, le martyr, par ses actes, le héros, par ses œuvres, l'artiste. Il en est une troisième et demie. Les voltigeurs de la transition écologique sont grands par leur retenue, à quoi répond, dans nos États de droit, une certaine mansuétude des forces de l'ordre. Au regard de notre sanglante histoire, cette rémission mérite plus qu'un bon point. Le catastrophisme millénariste engendre d'ordinaire une montée aux extrêmes, comme au Moyen Âge et à la Renaissance (des hérésies cathares à Thomas Müntzer). Ce sens de la mesure, du moins tant qu'Extinction-Rébellion résistera à la pente insurrectionnelle, est d'autant plus louable que la défense du sacré fait rarement dans la dentelle. Il y aurait un paradoxe à voir les partisans de la non-violence envers les tigres violenter des humains.

Dernier atout, *last but not least* : en dépit des tard-venus du Progrès, les pays qui se demandent pourquoi ils devraient renoncer à s'industrialiser et à s'enrichir comme nous l'avons fait nous-mêmes pendant deux siècles pleins, l'hégémonie du Nord sur le Sud (et pour ce qui nous concerne de l'anglo-saxon sur le latin) ne peut qu'acclimater chez nous le *Great Green New Deal*. C'est à l'appel de *Youth for climate*, de *Fridays for future*, de l'*Alliance for climate education* et de *Sunrise Movement* que nos places et avenues se remplissent. C'est en Allemagne, la plus américanisée des nations européennes, que les militants se comptent par millions. N'en reste pas moins que si New York est l'épicentre onusien de la lutte contre le réchauffement climatique, et la Californie son meilleur banc d'essai, l'Amérique profonde continue de bouder. Le premier producteur mondial d'hydrocarbures, avec le gaz de schiste, ne renoncera pas à son autosuffisance énergétique et théologique. Avec Yahvé, le Dieu unique, et ses firmes transnationales extractives, il a fait le plein, et Gaïa, déité païenne, ferait grand tort au *Dow Jones. In God we trust. America first.* D'où d'inévitables frictions avec le donneur d'ordre de Washington. La Chine, premier émetteur mondial de gaz à effet de serre, avec les deux tiers de ses centrales à charbon, lutte contre la pollution urbaine sans en faire son idéologie officielle (elle a déjà ce qu'il faut à cet égard), et encore moins une Croisade pour le Bien. L'Inde asphyxiée, par force, la rejoindra demain, à pas lents.

Ne sous-estimons pas enfin l'aspect *non-objection-program* de l'ultime avertissement au bord de la falaise. Qui voudrait décliner une invite à protéger la vie, une exhortation à ne pas se suicider ? Seulement des ennemis déclarés du genre humain. On ne peut pas trop leur demander, ils ont déjà beaucoup donné. « Une révolution menée pour l'amour, la vie, le respect et le partage » ne saurait avoir que des amis et pour adversaires que des oligophrènes ou des crapules. Cette assurance serait pain béni pour l'évangélisation. « Ce qui est simple est faux et ce qui ne l'est pas est inutilisable. » Dans la bagarre à bras raccourcis qu'est toute lutte pour la conquête des esprits, le simplisme est une arme de destruction massive, et on peut appeler carbofasciste aussi bien le défenseur français du nucléaire de secours que l'entêté polonais des centrales à charbon. C'est contradictoire mais de bonne guerre, au risque de trop élargir la cible. La cause de la civilisation a incontestablement gagné avec les emboîtements successifs des Droits de l'homme et du citoyen de 1789 (laissant les apatrides et les migrants de côté) dans les droits de l'Homme universel, où et quels qu'ils soient (les *Human Rights* de 1948), et maintenant de ceux-ci dans les droits du Vivant en général, du végétal à l'animal, coraux des profondeurs inclus (le virus en *stand-by*, qui a quelques propriétés d'un système vivant). L'extension des zones de surveillance, du panda au lapin de garenne et des banquises aux cours de ferme, ne pourrait malheureusement que perdre en implication militante. Comment remplir le grandissant et décourageant écart entre les objectifs très ambitieux des experts et les moyens très limités des politiques ? Entre notre devoir et nos pouvoirs ? Entre la Terre et nos territoires ? Entre un habitat illimité et nos lopins confinés ?

6. VERT SOLEIL

Feu le siècle rouge a eu de la flamme et ses grandeurs, mais aussi, nul n'en doute, force aberrations et d'insoutenables crimes. L'Éden prolétaire a tourné en caserne, l'utopie en dystopie et le *1984* d'Orwell a fixé les traits emblématiques du Mal contemporain. Le siècle vert, ce beau rêve de paix, n'aura pas de Staline ni de Grand Timonier, des gardes verts ne vont pas demain sortir du bois, ni un Petit Livre Vert de l'Imprimerie nationale, mais il a déjà eu, à titre préventif, deux précautions valant mieux qu'une, son inversion futuriste, non plus sur papier mais sur écran, vidéosphère oblige. Le *1984* de ce qui pourrait être, ce qu'à Dieu ne plaise, un *vertuisme* poussé à l'extrême de sa logique, est un film-catastrophe américain de Richard Fleischer (1973) intitulé, en français, *Soleil vert*. L'anti-pastorale a tout pour faire frémir. L'étrange idylle, dont le générique fait défiler en images accélérées deux siècles d'industrialisation, nous emmène non plus à Londres sous la coupe de *Big Brother* mais à

New York, en 2022, sous une férule d'experts. Quarante millions d'habitants dans la mégapole, 35° à l'ombre toute l'année, bientôt plus d'eau potable ni d'aliments naturels. On se bat pour survivre. On crève de faim. Dans les rues jonchées de déchets, carcasses de voitures et corps affalés, une cohue de chômeurs occupe les escaliers ou bat la semelle – pendant qu'une caste de décideurs, barricadée dans une *gated community* au sud-ouest de la ville, et seule habilitée à goûter salades et tomates, se la coule douce. Elle dirige un consortium qui fabrique et distribue aux malheureux, un jour par semaine, un concentré alimentaire de synthèse, à base de plancton océanique. Après le meurtre mystérieux d'un membre haut placé du Conseil d'administration, Charlton Heston, policier incorruptible, commence l'enquête. Pendant que se déploient en ville des brigades antiémeutes, annonçant à la foule que le plancton est épuisé, des camions-bennes à tractopelles, surnommées les «dégageuses», enfournent des manifestants pour les conduire à la déchetterie, dans un discret Holocauste. Trop de bouches à nourrir, il faut faire de la place. L'euthanasie est recommandée aux survivants et programmée avec soin. Mais on sent un grand secret qui plane sur cette épouvante, que l'ultime défenseur du bas peuple, avec son ami, un vieux bibliothécaire juif, le dernier des lettrés (livre papier interdit), finira par découvrir. Les tablettes nutritives vendues à la population étaient confectionnées avec de la chair humaine. Le cheptel new-yorkais se mangeait donc lui-même. En générique de fin, des visions oniriques d'un paradis végétal – prés, fleurs, plages, rivières – que l'ami des livres voit défiler dans son agonie, avec, en bande-son, le premier mouvement de la *Symphonie pastorale*. La nature perdue ne se retrouve qu'en rêve, au moment de mourir.

L'effet pervers a toujours plus d'une corde à son arc, mais encore, nous dira-t-on? On ne saurait nier l'urgence d'un mieux au nom du pire qui pourrait en sortir, même si « presque toujours, en politique, le résultat est contraire à la prévision », comme nous en avertit un enchanteur expert en désenchantements, Chateaubriand. Le lendemain qui déchante est une boîte à malices sans fin ni fond, et avec les doctrines rédemptrices enjoignant aux égarés de rectifier la position, le brouillon ne précède pas le programme mais suit sa mise en œuvre. Ça douche à chaque fois l'enthousiasme. Gueule de bois attestée. Mais enfin, on ne ferme pas les hôpitaux parce qu'il y a des maladies nosocomiales, on ne renonce pas à ses missiles à cause des dommages collatéraux, non plus qu'à l'aspirine par crainte de brûlures d'estomac. Après l'horreur économique, l'horreur écologique ? Le vert n'est pas toujours tendre, ni le rouge toujours sang, mais ne poussons pas le bouchon trop loin. En sus de broyer du noir avec du vert, ce cauchemar hollywoodien a un défaut : il saute les étapes. Il se place au stade terminal d'une montée en puissance, quand une science-reine libératrice prend les rênes du pouvoir et se retourne en tyrannie. Notre climat tempéré, la douceur de nos mœurs et l'ancrage au centre de nos élus nous préservent de ces horreurs. Les extrêmes du Français, qui se contente de peu, restent juste milieu et « en même temps ». Le menu végétarien de nos cantines scolaires se compose de produits frais, traçables et vérifiables, où on n'a pas trouvé jusqu'ici trace de chair humaine. Mais l'écologie, c'est incontestable, a vite grandi en volume et autorité. Premier stade : 1866, naissance d'une discipline scientifique (l'*Ökologie* de Haeckel) et une science ne fait pas la morale. Deuxième stade, 1968 : transformation d'une science en idéologie, symbole d'une contre-culture rebelle et contestataire. Troisième stade, années 2000, transformation d'une contre-culture en dogme officiel, et d'une discipline garde-fou en litanie cache-misère. On pourrait poursuivre l'asymptote des renversements, vu la facilité déconcertante qu'a la correction d'une injustice pour en produire une deuxième, l'Évangile des Béatitudes pour accoucher de l'Inquisition, et un marxisme égalitaire, des bagnards en Sibérie. Théocratie, Idéocratie et demain Biocratie ? Ce n'est pas une raison pour se dérober à l'impérative reconnaissance de biens communs à protéger. C'en est une, tout au plus, pour se demander si d'un « Urgence planète » ne pourrait sortir quelque jour une Biorégion où un haut comité d'experts, flanqué d'hommes à poigne, viendrait proclamer : « Le temps nous est compté. Assez d'atermoiements. On va vous serrer la vis pour vous sauver la vie. Si la Terre, elle, ne ment pas, les humains, eux, sont pleins de turpitudes, et il faut en finir avec ces mensonges qui nous ont fait tant de mal et nous mènent à l'abîme. Adieu les Bisounours et les néo-ruraux sympas. Au boulot. » On passerait alors de l'appel au secours à l'organisation des secours, avec contrôle sécuritaire des secourus. Brigades d'inspection des poubelles, incarcération des chasseurs, fumeurs et réfractaires, campagnes de stérilisation forcée. Un enfant et un seul par couple ne venant pas spontanément à l'idée des mamans, seul un État autoritaire et policier pourrait faire respecter les règles malthusiennes qu'imposerait une détresse climatique mettant le couteau sur la gorge des survivants.

Ces fantasmagories n'ont qu'un intérêt : nous rappeler la banale mésaventure des meilleures causes, qui répondent à une difficulté en en suscitant bientôt une autre qui nous prend au dépourvu. La réponse à la question se met alors à faire elle-même question, et la solution, un demi-siècle plus tard, se réveille en problème. Néo-libéralisme (destructeur), « socialisme réel » (oppresseur), étatisme (étouffant) – constituent des avatars parmi d'autres de cette fatale transcroissance d'une idée neuve et juste. On se croyait tiré d'affaire ? Eh bien non, le point final n'était qu'un point-virgule. Et la nécessaire critique de la critique rend bientôt nécessaire la subversion d'une subversion. Avec la montée de la conscience planétaire, c'est peu dire que nous n'en sommes pas à ce point et on doit même se féliciter de son rôle non punitif mais dissuasif. Le communisme a fait planer une épée de Damoclès sur le Capital, et n'a pas peu contribué à humaniser son règne, en le contraignant à passer de sérieux compromis avec les salariés. L'écologisme a déjà la même vertu d'inhibition sur les pollueurs de l'agro-industrie comme du transport routier et aérien. C'est la règle : on visait au départ une révolution, on finit par une correction de tir. Mais ce moins sera un jour compté comme un plus, et non comme une déception.

7. UN FUTUR PASSÉISTE

La reconversion des oublieux a eu, au début du siècle dernier, un introït esthétisant, sans lequel ce retour à la chlorophylle, aux papillons et au bocage, ne nous paraîtrait pas aujourd'hui couler de source. Ce sont les succès dévastateurs de l'Esprit qui hissent, en réaction, notre antique marâtre sur un piédestal flambant neuf, bien loin du « Ô Nature ! Ô ma mère ! Quelle chierie ! » de Rimbaud et du « la femme est *naturelle*, c'est-à-dire abominable » de Baudelaire. Bien loin, également, de la flétrissure théologique de la Nature chère à saint Augustin, qui la stigmatisait comme satanique tant qu'une grâce surnaturelle ne viendrait pas la relever. Ce sont les modernes extravagances de l'Esprit se mettant en roue libre qui nous ont amenés à regarder d'un autre œil les bouteilles en plastique et les pesticides, après des siècles de dédain, et le Pape François, en l'occurrence plus franciscain que jésuite, à accueillir les champignons, les algues et les vers de terre dans son

Encyclique *Laudato si'* (2015). Il s'était cru tout permis, l'Esprit, une fois qu'il a eu gagné sa guerre d'indépendance contre la Nature collante et gluante. Délesté du poids de la Chair, il s'est enivré de sa toute-puissance, jusqu'à s'envoler vers des hauteurs absconses. Les progrès de l'homme-théorème ne faisant qu'un avec les dégradations de son écosystème, la plante humaine a fini par se rebiffer. L'instinct de survie veillait. Mieux vaut tard que jamais.

Le retour à la sève et aux sucs ne s'est pas fait un beau matin, sans préavis. Le glissement, que nous voyons en *live*, de l'Esprit sans la Nature (pôle progressiste) vers la Nature sans l'Esprit (pôle réactionnaire), a demandé plusieurs siècles. Les termes en *ion* du prométhéisme ont émergé à la fin du dix-huitième (communication, régénération, civilisation, colonisation, etc.). Le dix-neuvième a enchaîné avec la machine à vapeur, l'engorgement des métropoles et le passage en accéléré de l'agriculture à la manufacture. L'Esprit atteint enfin sa vitesse de libération au vingtième siècle avec les aéroplanes, la machine-outil, le bébé-éprouvette, les aliments ultra-transformés, les transgenres et le désormais classique « on ne naît pas femme, on le devient ». Ce sont les décennies fabuleuses, 1900-1925, des avant-gardes qui ont exploré tous les possibles de l'ingénierie, OGM compris, ouvrant la voie à notre régime actuel : le concept sans l'affect, le marché sans frontières, l'art sans œuvre, la reproduction sans sexe, la dissidence sans risque, le roman sans récit, le café sans caféine et le mot sans la chose. Ayant débranché sa prise de terre, l'Esprit se pense désormais à même d'effacer la matière première sous le produit fini, l'inné sous l'acquis, et de voir dans le monde sensible, le plus bas de gamme des mondes possibles. Un donné n'étant qu'affaire de convention, nos démiurges sont fondés à prendre le réel bêtement rétinien, euclidien ou tonal pour matière à décalcomanie ou chansonnette, créations de deuxième ordre pour ploucs et béotiens.

Peintres, musiciens et architectes ont ainsi conduit, dès le début du siècle dernier, «le procès de l'attitude réaliste». Les inventions artistiques ont le don de préfigurer les révolutions sociales et politiques. C'est le privilège des créateurs, depuis la grotte Chauvet, d'avoir un temps d'avance sur les gestionnaires du présent, sociologues et politiques. Aussi est-il recommandé aux casseurs de carreaux de commencer par aller dans les expos et au concert. Quelques jalons dans notre préhistoire :

1912. Marcel Duchamp, *Nu descendant l'escalier*.
1913. Stravinsky, *Le Sacre du printemps*.
1915. Malevitch, *Carré noir sur fond blanc* (suprématisme).
1916. Zurich, *Le Cabaret Voltaire* (Hans Arp et Tristan Tzara).
1917. Prise du Palais d'Hiver.
1919. Fondation du Bauhaus par Walter Gropius à Weimar et du Komintern à Moscou.
1921. Première exposition constructiviste (Gabo, Pevsner).
1922. Mondrian, *Tableau 2* (huile sur toile).
1924. André Breton, premier *Manifeste du surréalisme*.
1925. Schönberg, *Suite pour piano, opus 25*, et Kandinsky, *Ovale n° 2*.
1926. Le Corbusier, auteur de *L'Esprit nouveau*, *Le Plan Voisin* (Paris en plaque quadrillée avec, sur la rive droite une fois rasée, dix-huit gratte-ciel stéréotypés, entourés de barres à redents toutes identiques).

La nature n'étant plus rien, le concept devint tout.

André Breton a résumé le fond commun de ces fastes inouïs : «Tant va la croyance à la vie, à ce que la vie a de plus précaire, la vie *réelle* s'entend, qu'à la fin cette croyance se perd.» Traduction : nous ne pouvons plus miser que sur nous-mêmes. Cessons de faire *avec* le monde tel qu'il va, – à nous, maintenant, de faire *sans*. *Ex nihilo*. Tir à volonté, que le meilleur gagne.

Le communisme aura été une construction, le cubisme une peinture, le dodécaphonisme, une musique, et les villes géométriques, hygiéniques et rationnelles, un urbanisme – de l'Esprit.

Schönberg s'est libéré de la gamme naturelle des sept notes pour concevoir « une langue inventée par l'esprit humain, celle de l'atonalité, émancipée des lois physiques du monde » (comme l'observe un expert et ami, le chef d'orchestre Michel Tabachnik). Kandinsky s'est libéré des vulgarités empiriques, pour « la peinture pure », Le Corbusier s'est libéré du sol par les pilotis. Et Lénine, des pesanteurs de l'histoire et du psychisme ordinaire, pour édifier un temple, à grands coups de faucille et de marteau, à cette idée platonicienne : « l'homme de fer », une pure vue de l'esprit.

Le socialisme à la française, à la Jaurès ou à la Blum, professait un spiritualisme débonnaire, qui restait en bons termes avec le vieil homme. Le projet socialiste, dans son principe même, exigeait sans doute plus d'esprit que le parti pris capitaliste pour le laisser-aller, puisqu'il fait prévaloir la fraternité sur la concurrence, le désintéressement sur l'avidité, le don de soi sur la rapine. Le plus beau des objectifs : soumettre l'animal à l'idéal. Puis vint le cubisme communiste, qui a forcé le trait. Celui de « Lénine Dada » qui, comme Dominique Noguez l'a révélé, côtoya à Zurich, en 1916, les premiers dadaïstes. Contre le fouillis, l'orthogonal. Contre le spontané, le planifié. La Terre au carré. Ennemi des paysans et des campagnes rétrogrades, l'*homo sovieticus* était à construire, équarrir, encadrer, rééduquer à la force du poignet et du « camarade Mauser ». Un symptôme de volontarisme parmi d'autres : l'URSS n'était pas un nom de pays mais d'une structure gonflable, sans circonscription géographique, extensible *ad libitum*, comme notre élastique et indécise UE.

Nos bondissantes avant-gardes ont commis une imprudence : ne pas assurer leurs arrières. Déliaison maximale. Trop de forcing doctrinaire, trop de montée aux extrêmes. Résultat : « la musique du XXe siècle » n'est pas passée dans le grand public. « L'unité d'habitation » et le socialisme irréel, non plus. Quant aux centres d'art contemporain, ils ont vu fuir les visiteurs, et doivent se contenter des « rezzous pédagogiques » du collège avoisinant. Courant trop vite et trop loin, l'intellect a fini par nous lâcher en chemin.

Alors, le naturel se venge et revient au galop. Retour du balancier. On ne veut plus de l'élaboré, mais du ressenti ; plus de vérités générales mais des expériences originales ; des œuvres, oui, mais de l'âme, non de l'esprit. Le contrôlé ennuie, le lapsus réjouit. Soyons relax, lâchez tout. Vive le cru et le flux, place au charnel et au pulsionnel. Jadis boutonnés, chapeautés, gantés et étranglés, nos corps se sont décontractés et les cols durs, ouverts. L'amidon parti, on enlève la cravate, le cœur se remet à battre, et les salles vides se remplissent. En musique, après Xenakis le mathématicien, l'enchanteur Michel Legrand, et à l'étage du dessous, les pulsations du rap après les sudations cérébrales. En peinture, Balthus, Hopper et Dubuffet, l'art brut après l'abstrait, puis les « arts premiers » en dernier mot de l'Histoire de l'art. En littérature, la voix pour réchauffer l'écrit, avec récitals d'acteur et concours d'éloquence. Le ton colère, à la Céline, le cri écrit, limite borborygme. Au théâtre, profusion chorégraphique, images contre tirades, les spots plutôt que les mots. Bob Wilson et Jan Fabre après Anouilh et Sartre. On ne se guérit d'un académisme, n'est-ce pas, que par un autre. Après un trop de Verbe, un trop de Corps. Les tripes sur la table, sperme et pipi sur le plateau. Et au dehors, plus cruellement encore, la résurgence des tribus, l'ethnie contre la nation, – Occitanie, Padanie, Catalogne, Écosse. Des Fédérations mises en pièces génétiques. Le droit du sang contre le droit du sol. On se définit par son acte de naissance, ses géniteurs et sa couleur de peau. Le giron qui enferme contre l'abstraction qui libère. Les «peuples premiers» contre les nations civiques. Sélection par la provenance, recherche de l'ADN en sauf-conduit. Cul par-dessus tête : la bauge monte au cerveau. Le chromosome aussi. Cap sur la mamelle et les tanières du trisaïeul. Des États laïques – Inde, Égypte, Israël et bien d'autres – deviennent ouvertement religieux, prohibent le mariage mixte, exigent le certificat d'origine. Chacun cherche la lumière dans son fond de ténèbres.

À l'heure du dématérialisé et du virtuel, on jugera peut-être illogique la remontée, partout, du tribal et du viscéral. Ce serait oublier qu'il existe un pacte d'alliance entre le tout-bio et le tout-techno, le néon et le bougeoir, la «machine à habiter» et la fermette poutres apparentes, le techno global et l'élu local. Tout nous est bon pour nous consoler des voix de synthèse et des humanoïdes unisexe. Notre besoin d'incarnation augmente au fur et à mesure que progresse la robotique. L'algorithme partout aux commandes, c'est une furieuse demande de sensations crues et de chair de poule.

Voilà ce que le médiologue appelle *l'effet-jogging* – depuis que l'automobiliste a cessé de marcher, il se met au *jogging* sur le trottoir et au *trekking* dans l'Himalaya, en sorte que, loin d'avoir des membres inférieurs atrophiés, comme on le craignait à l'époque des fiacres, nos ex-futurs hommes-troncs ont des mollets d'acier. C'est le *progrès rétrograde*. De même que la mondialisation techno-économique a pour envers une balkanisation politico-culturelle, l'empire des abstractions numériques a pour corollaire la bise sur les deux joues et le porno à domicile. Pathos et Logos s'entraident, la tour de verre appelle la hutte en bois. D'où le retour au terroir des déterritorialisés et à la culture ancestrale des jeunots déculturés. La perte d'appartenance fait appel d'air, et le civilisé à prothèses se coiffe d'un chapeau de paille : l'urbain appareillé réclame sa ration de rusticité, de pépiements sous sa fenêtre et d'écureuils dans les squares, de pistes cyclables et de cabanes sous la canopée (le rat des champs ayant d'autres appétences que son copain des villes). Au postindustriel déboussolé, il faut un minimum syndical de sauvagerie, et on peut comprendre sa préférence pour les jeunes loups, les vieux ours et les crocodiles en rade, plutôt que pour les animaux d'élevage, le gavage des oies et le poulet en batterie. On ne saurait lui en tenir rigueur, c'est l'effet inconscient d'un thermostat caché en chacun d'entre nous. Nous bénéficions tous, à notre insu, d'un *principe de constance*, qui rééquilibre une déstabilisation machinique par une contre-poussée naturaliste, avec une prime au primitif. Plus facile la mobilité, plus fort l'appétit de résidence. L'autoroute repeuple les sentiers de grande randonnée. La marche a engendré le terroir ; le cheval, le département ; l'auto, le Continent ; l'avion, la Terre ; le lanceur, l'espace. C'est entendu. Mais chaque nouveau véhicule, loin de dévaluer le territoire précédent, fait remonter sa cote. La petite échelle dont la grande nous dépossède, l'affectivité et le mythe s'en emparent pour la remettre à l'honneur. Le TGV nous a ainsi réappris la trottinette. On regarde sur écran la météo aux Seychelles et on se pelotonne au coin du feu. Du gigantisme industriel se déduit le *Small is beautiful* ; du produit standard, l'artisan d'art ; du puritanisme numérique, qui met le muscle à la diète, l'apothéose des clubs de gym ; du *globish* obligatoire, la réapparition des langues régionales et sacrées; comme du cyberespace, le très maurrassien « vivre et travailler au pays ». En un mot, l'archaïque n'est pas l'anachronique, encore moins le périmé, mais le refoulé, ce substrat invisible qu'une crise générale, militaire, économique ou politique, fait remonter à la surface. Le mot apocryphe de Malraux – « Le vingt-et-unième siècle sera religieux ou ne sera pas » – relève du truisme, la postmodernité étant déjà, à l'évidence, nostalgique. Les modernisateurs à marche forcée (que sont d'ordinaire nos partis conservateurs) ont régulièrement pour effet un grand retour amont. *La Fin des paysans* et le décès de la civilisation agricole poussent les plus dégourdis des citadins vers la glèbe, malgré le discrédit des agriculteurs qui ont encore le courage de nous alimenter en dépit de nos outrages et abandons. Les cadres quittent le métro-boulot-caveau pour s'en aller baratter, biner, récolter, faucher, désherber – la vie au grand air incarnant la vie bonne. D'où vient ce marché en pleine croissance, la décroissance. « Séjour en immersion à la ferme » proposé, à bas prix par des start-up.com. Cela s'appelle le *woofing*, mot issu de l'acronyme WWOOF – *world wide opportunities on organic farms*. Preuve, s'il en fallait encore, que la Terre reconduit au terroir, la *technè* à la *phusis* et le www à retaper la maison du grand-oncle en Lozère.

8. LE GRAND CHEMIN

Nos mythes fondateurs, nos Nord magnétiques ont de qui tenir, à chaque Continent ses rails et ses plis. Nos ambitions à nous se sont recroquevillées. Le vieux monde a l'âge de la retraite, fait du luxe une bouée de sauvetage, peaufine ses Musées et astique ses reliques. L'Amérique, elle, tournée dès sa naissance vers la conquête de la *wilderness*, le *Far West* sauvage, n'est plus à une audace près. Sa dernière transgression s'appelle le transhumanisme. Quand on n'est pas marié avec l'échec, comme on l'est sur notre rive, l'impossible n'est pas rédhibitoire. Cela fait du Nouveau monde, berceau de la science-fiction, une terre d'accueil pour notre docteur Faustus devenu demandeur d'asile. Le vieil alchimiste a transplanté ses cornues dans la Silicon Valley pour transmuter non le plomb en or mais notre chair en bits et octets, quitte à tuer le vivant pour tuer la mort. Le Grand Œuvre se cherche dans l'IA (intelligence artificielle). À l'écolâtre, le coquelicot ; au technolâtre, le génie génétique. Réparer les mortels ? Non, les immortaliser, à grand renfort de prothèses et d'implants. Reprogrammer le primate, répliquer l'ADN, télécharger le circuit neuronal sur des puces de silicium (*mind uploading*). Le clone remplacera la carcasse et la cryogénisation, la putréfaction. Vieille compulsion puritaine. On rêve de nettoyer les chairs, de purger le baveux en remplaçant l'impur et l'imparfait par du sec et du pur. L'eugénisme *high tech* a du pain sur la planche. Le fond résiste, à savoir le câblage nerveux et la charpente ostéo-musculaire de l'internaute, qui restent ceux du chasseur de mammouths. Deux pieds, deux mains, un intestin, cela peut s'améliorer, non se remplacer par une carte à puces. Aussi le *cyborg* sans défaut de fabrication risque-t-il de ne pas être au rendez-vous. Lapin probable. Rendons grâce, quant à nous, à la *finitude* qui interdit de nous rêver inoxydables. On ne retournera pas, côté Jardin des Plantes, à celui d'Adam et d'Ève, et on n'accédera pas, côté Silicon Valley, au statut de robot sous garantie. On devra continuer comme par-devant à passer entre les gouttes, en s'accommodant du péché d'être né sans en avoir rien décidé, sans qu'on nous ait consultés sur nos date et lieu de naissance. Pour Faust qui rêve de pouvoir remplacer tout ce qui pousse par tout ce qui se fabrique, de culturer la nature jusqu'au bout, cet accident antiscientifique et antidémocratique est un scandale à faire cesser. Puissent-ils échouer.

Leur entreprise ferait de notre existence l'exécution d'un programme préétabli, en lui enlevant ce frisson d'aventure *sui generis* qu'elle doit à ses incertitudes et ses surprises.

Morale provisoire : « Ne forçons pas notre talent, nous ne ferions rien avec grâce. » Honni soit qui mal y pense, mais ne passons pas à la trappe l'auto-génocide khmer rouge et la mise au vert, pistolet dans les reins, des pollueurs de Phnom Penh, les bourgeois dénaturés porteurs de lunettes. Cela n'est pas de la science-fiction mais de l'histoire contemporaine.

Romain Gary, l'héroïque auteur des *Racines du ciel*, était d'avis que ce n'est pas parce qu'ils font la chasse aux éléphants qu'il faut haïr les humains. La bonne cause animale n'oblige pas en effet à faire rentrer les loups dans Paris, les sangliers dans des villages vides d'hommes, les rats dans la cuisine (sauf loirs et campagnols) ni les moustiques dans la chambre. Biophile, oui, misanthrope, non. Renoncer au *suprémacisme,* non de l'homme blanc mais de l'homme tout court, ce corporatisme de petits prétentieux s'arrogeant le droit de régenter et même d'éliminer les confrères et cousins, est une chose bien nécessaire. C'en serait une autre que *l'antispécisme*, amenant à penser que la planète se porterait mieux si un parasite outrageusement reproducteur acceptait de déguerpir. Il est établi que la biodiversité animale et végétale doit beaucoup au travail des hommes, la forêt de Fontainebleau à Colbert et au Code forestier, la pureté du lac d'Annecy aux stations d'épuration. Un plus de population n'est pas nécessairement un plus de dégradation. *Homo sapiens* n'a pas trop démérité puisqu'il a pu rendre jusqu'ici habitable, et parfois délectable, une croûte terrestre assez hostile au départ (sans préjuger de la suite). Quelques républiques ont même été jusqu'à instaurer des liens de solidarité entre concitoyens. Remplacer *La Marseillaise* ou *L'Internationale* par *L'Ode à la salade* serait, à cet égard, en France, une marque d'ingratitude.

Pour reprendre le jargon des *ismes* – pour fatigué et fatigant qu'il soit – évitons de tomber d'un *biologisme* confusionniste, jetant le mammifère humain dans le même sac que les autres. Il serait assez déprimant d'avoir à choisir entre Charybde et Scylla, entre une culture dénaturée et une nature déculturée. On ne tire pas l'homme vers le haut en le coupant de ses caractères propres. Aimé Césaire, avec la sagesse du poète, nous a mis en garde : « Provignement, oui ; dessouchement, non. »

Quel juste milieu, alors, entre le khmer vert et la fleur bleue ? Quel chemin emprunter ?

Celui qui peut renouer les fils entre la Terre, l'Homme et le Cosmos, et remplacer par la notion de *milieu* celle d'*environnement*, imposée par son usage anglo-saxon. L'environnement, notion quasi touristique, c'est ce qui entoure un îlot fixe de référence, en couronne ou en périphérie. Le mi-lieu, lui, nous enveloppe et nourrit. C'est un entre-deux régénérateur, qui met l'extérieur à l'intérieur, par quoi ils s'oxygènent mutuellement. Ce n'est pas un à-côté, c'est une matrice. Entendons par « milieu » l'ensemble des conditions d'existence d'un vivant, étant bien entendu qu'un milieu géographique est plus qu'un cadre inerte, puisque la face de la Terre a toujours été, sauf aux deux pôles, aménagée, restructurée, reconfigurée en habitat par les colonies humaines qui s'y sont taillé une niche. Le vivant organise le milieu qui l'organise. Il y a interdépendance et codéveloppement. Entre la tuile angevine et les poèmes de Ronsard, entre le bocage et le chouan féodal, entre le granit armoricain et le Breton tête de mule, qui peut dire, dans ce maillage entre nature et culture, où est la chaîne et où la trame ? Nous sommes autant les enfants de nos paysages que de nos monuments, d'une galerie de grands hommes que d'une langue maternelle, comme le montre à l'envi cette discipline carrefour, à honorer de toute urgence : la *géographie humaine*.

Elle nous montre comment des bosseurs ont pu se tailler dans l'œkoumène un « clos », une « côte » ou un « climat » – en inventant, par exemple, la viticulture. Une oasis au milieu des sables, un petit air de flûte dans le brouhaha cosmique. Ils ont pour ce faire suivi « le Grand Chemin », celui qu'ont préfiguré nos chercheurs de terrain, les ouvriers du pinceau et de la plume. Cézanne, bien sûr : « Il faut aller au Louvre par la nature et revenir à la nature par le Louvre. » Plus prophétique encore, Julien Gracq : « Une civilisation de bernard-l'ermite est sans avenir. » On n'échappe pas à sa coquille. Et tout le problème est là : la menace écologique est planétaire mais la planète n'est pas pour chacun d'entre-nous sa coquille. C'est une mosaïque de niches qui se tiennent chaud. Aucun terrien n'est fils de l'air, et on ne loge nulle part quand on loge partout. Un être ne peut croître ni prospérer sans un certain *périmètre de vie*, et le mammifère par moment raisonnable mais foncièrement *maisonnable* que nous sommes, ne peut survivre sans feu ni lieu. Il risquerait de flotter sur une Terre-Patrie comme dans un manteau trop grand. Il lui faut des balises, une circonscription, des jours fériés, des photos de famille sur la cheminée, une langue maternelle qui permet de faire causette parce qu'on se comprend à demi-mot. Les semelles de vent n'ont qu'un temps, et pas besoin d'être Rimbaud pour avoir envie, *in fine*, de regagner son Charleville. Comme dit l'auteur des *Carnets du grand chemin*, « on ne se loge *durablement* que dans ce qui a poussé en conformité avec notre forme empreinte. » Voyez *la Forme d'une ville* : Nantes, la coque où a poussé le petit œuf nommé Poirier, au Lycée Clemenceau, a fait empreinte sur l'adulte devenu Julien Gracq, le dehors et le dedans se sont fécondés de concert. C'est ainsi que des hominiens à dentition complète et à main préhensible, mal dotés par la nature, peuvent édifier une *demeure*, en fertilisant un sol, en classifiant une faune et une flore, en taillant des chemins creux à travers les ronces. On ne choisit pas la terre d'où l'on provient, pas plus que son père et sa mère, mais on n'est pas sans influence sur ce qu'elle peut devenir entre nos mains. Les Suisses n'ont-ils pas fait, avec la chaîne des Alpes, un bastion du bien-vivre, les Chinois, du Yang-Tsé-Kiang, l'Empire des Fils du Ciel, et les Méditerranéens, à force de rencontres et d'échanges, d'un gros lac salé, une machine à civiliser ? Ce n'est pas l'économie, c'est l'histoire-géo qui met dans le mille, et devrait nous convaincre d'en rabattre sur notre sotte prétention à faire la pluie et le beau temps où bon nous chante au motif que « nous sommes chargés de l'héritage du monde mais il prendra *la forme que nous lui donnerons* » (Malraux). Soyons moins ambitieux : l'eau gèle en dessous de zéro, et en dessous d'un certain degré d'humilité, notre humanité aussi. Le monde est cabossé, cahoteux et déroutant, plein d'imprévus heureux ou malheureux, et ce n'est pas à nos désirs de lui donner la forme qui nous agrée le plus. Nos plaques tectoniques, tant historiques que géologiques, ne sont pas une pâte à modeler. Il était bon, pour nous rappeler à plus de modestie, que sciences humaines et sciences naturelles cessent de faire labo à part. Siliceuse ou argileuse, la nature d'un sol dicte un genre de semis, un mode de vie et de penser, avec un certain calendrier à respecter, qui ne dépend pas de nous. On doit semer le potiron d'avril à mai, dans un sol frais et ameubli, la belle-de-jour en juin, mais la tomate en janvier et février (dans le Midi). Ni avant ni après. Sékomça.

Voltaire, quand il nous a délivré notre sauf-conduit, ne disait pas autre chose qu'Elohim à Adam dans la *Genèse* :

« Fructifiez et multipliez-vous » : « Il faut cultiver notre jardin. » On saura gré à l'Adam contemporain de veiller sur son potager sans pesticides ni graines hybrides, en préservant les insectes pollinisateurs. Tant il est vrai que rien n'est jamais acquis à l'homme, ni son amour ni son champ de blé ni son verre de vin. Un grand cru bordelais n'est pas le cadeau d'une terre de graves. Il requiert un terroir, soit un sol défriché, drainé, sarclé, refait au fil des siècles. La conjuration d'un coteau bien exposé et d'une bonne météo n'y suffit pas, il lui faut un cépage, une taille, un effeuillage, un traitement. Un verre de vin, c'est l'alliance d'un long travail et du génie d'un lieu, le même exploit, somme toute, qu'une station orbitale qui ruse avec l'espace pour s'y trouver un point d'accroche.

On est toujours deux dans l'affaire homme, la Nature et l'Esprit. Un matériau et un outillage. Pas de poteau télégraphique sans un tronc et une tronçonneuse, pas de papier sans une rivière et un barrage par-dessus, pas de pays sans une addition de hauts lieux et de dates clés. Histoire-géo. *Il n'y a donc pas à choisir entre la tondeuse et le jardinier*, entre le moyen et la fin, entre le technique et le spirituel.

Le beau chantier, laïque celui-là, que serait quelque chose comme une coopérative jardinière à l'échelle de la planète, sous la coprésidence du terreau et de l'horticulteur. De quoi espérer voir renaître, en quelque lieu de mémoire, dans un coin de l'astre errant, ne désespérons pas, une fête de la rose, moins fallacieuse et plus durable que celle que nous ont fait miroiter tant de songes et d'orgueils évanouis.

RÉGIS DEBRAY

DANS LA COLLECTION « TRACTS/GALLIMARD »

N° 1 RÉGIS DEBRAY, L'EUROPE FANTÔME, FÉVRIER 2019
N° 2 ERRI DE LUCA, EUROPE, MES MISES À FEU, MARS 2019
N° 3 PIERRE BERGOUNIOUX, FAUTE D'ÉGALITÉ, MARS 2019
N° 4 FRANÇOIS GARDE, LA POSITION DES PÔLES, AVRIL 2019
N° 5 DANIÈLE SALLENAVE, JOJO, LE GILET JAUNE, AVRIL 2019
N° 6 CYNTHIA FLEURY, LE SOIN EST UN HUMANISME, MAI 2019
N° 7 SYLVIANE AGACINSKI, L'HOMME DÉSINCARNÉ, JUIN 2019
N° 8 FRANÇOIS SUREAU, SANS LA LIBERTÉ, SEPTEMBRE 2019
N° 9 HÉLÉ BÉJI, DOMMAGE, TUNISIE, OCTOBRE 2019
N° 10 ARTHUR DÉNOUVEAUX & ANTOINE GARAPON, VICTIMES, ET APRÈS ?, NOVEMBRE 2019
N° 11 RENÉ FRÉGNI, CARNETS DE PRISON, DÉCEMBRE 2019
N° 12 STÉPHANE VELUT, L'HÔPITAL, UNE NOUVELLE INDUSTRIE, JANVIER 2020
N° 13 DIDIER DAENINCKX, MUNICIPALES. BANLIEUE NAUFRAGÉE, FÉVRIER 2020
N° 14 ARUNDHATI ROY, AU-DEVANT DES PÉRILS, MARS 2020
N° 15 OLIVIER REY, L'IDOLÂTRIE DE LA VIE, JUIN 2020
N° 16 PATRICE FRANCESCHI, AVEC LES KURDES, JUILLET 2020
N° 17 ÉTIENNE KLEIN, LE GOÛT DU VRAI, JUILLET 2020
N° 18 PHILIPPE FOREST, L'UNIVERSITÉ EN PREMIÈRE LIGNE, SEPTEMBRE 2020
N° 19 NAJAT VALLAUD-BELKACEM & SANDRA LAUGIER, LA SOCIÉTÉ DES VULNÉRABLES, SEPTEMBRE 2020
N° 20 OLIVIER ASSAYAS, LE TEMPS PRÉSENT DU CINÉMA, OCTOBRE 2020
N° 21 RENAUD GIRARD & JEAN-LOUP BONNAMY, QUAND LA PSYCHOSE FAIT DÉRAILLER LE MONDE, OCTOBRE 2020
N° 22 DIDIER LESCHI, CE GRAND DÉRANGEMENT, NOVEMBRE 2020

GRAND FORMAT « TRACTS/GALLIMARD »

RÉGIS DEBRAY, LE SIÈCLE VERT, JANVIER 2020
JEAN-NOËL JEANNENEY, VIRUS ENNEMI, JUIN 2020
ALICE KAPLAN, TURBULENCES, USA, OCTOBRE 2020

HORS SÉRIE « TRACTS/GALLIMARD »

COLLECTIF, TRACTS DE CRISE, JUIN 2020

À l'heure du soupçon, il y a deux attitudes possibles. Celle de la désillusion et du renoncement, d'une part, nourrie par le constat que le temps de la réflexion et celui de la décision n'ont plus rien en commun ; celle d'un regain d'attention, d'autre part, dont témoignent le retour des cahiers de doléances et la réactivation d'un débat d'ampleur nationale. Notre liberté de penser, comme au vrai toutes nos libertés, ne peut s'exercer en dehors de notre volonté de comprendre.

Voilà pourquoi la collection « Tracts » fera entrer les femmes et les hommes de lettres dans le débat, en accueillant des essais en prise avec leur temps mais riches de la distance propre à leur singularité. Ces voix doivent se faire entendre en tous lieux, comme ce fut le cas des grands « tracts de la NRF » qui parurent dans les années 1930, signés par André Gide, Jules Romains, Thomas Mann ou Jean Giono – lequel rappelait en son temps : « Nous vivons les mots quand ils sont justes. »

Puissions-nous tous ensemble faire revivre cette belle exigence.

ANTOINE GALLIMARD

CE TRACT, COMPOSÉ EN TUNGSTEN ET CASLON,
A ÉTÉ ACHEVÉ D'IMPRIMER PAR NORMANDIE ROTO IMPRESSION S.A.S.
EN JUIN 2023, À LONRAI EN FRANCE SUR UN PAPIER CERTIFIÉ PEFC
PROVENANT DE FORÊTS DURABLEMENT GÉRÉES.

DÉPOT LÉGAL : JUIN 2023
N°ÉDITION : 617046/N°IMPRIMEUR : 2302465
PREMIER DÉPOT LÉGAL : DÉCEMBRE 2019

TRACTS

Un autre monde est en train de naître devant nos yeux. Un autre esprit, dans nos façons de penser, d'espérer et d'avoir peur. L'angoisse écologique qui donne sa couleur au siècle nouveau n'annonce rien moins, pour notre civilisation, qu'un changement d'*englobant*. Ce fut l'Histoire, ce sera la Nature. De quoi prendre le vert au sérieux.

RÉGIS DEBRAY